中公新書 2752



境家史郎著

# 戦後日本政治史

## 占領期から「ネオ55年体制」まで

中央公論新社刊

# はじめに――政治の「いま」を理解するために

「戦後」が始まって、80年近く経とうとしている。2度の改元を含むこの年月は、けっして短いとは言えない。国民の大半にとって、1940年代の日本は、もはや伝聞によってのみ知りうる遠い昔話の世界でしかない。

このような「大昔」にまで遡《さかのぼ》って政治の動きをたどっていくことに、どのような意味があるのだろう。特別の意味など求めておらず、過去の出来事を知ること自体が知的な楽しみなのだ、という方もおられよう。そうした動機から、本書を気楽に（？）読むのも一興である。「戦後」における政争は、戦国時代や幕末維新期と異なり、いかにも地味に思えるかもしれない。しかし、政治とは常に生きた人間同士の間での営みなのであり、「戦後」の各時期にも十分にドラマがあることは、本書を通じてお分かりいただけると思う。

過去を遡ることにはもう一つ、「いま」をより深く理解するための手がかりを得るという、より実践的な意味もあるだろう。この場合、どこまで遡るべきかという問題がある。かつて東洋史学者の内藤湖南《ないとうこなん》は、「大体今日の日本を知る為に応仁の乱以後の歴史を知って居《お》ったらそれで沢山です」（「応仁の乱に就て」、新字新かなに改めた）と述べたが、令和の政治を説明するのに室町時代から語るのはさすがに迂遠すぎる。しかし、現代日本政治をより深く理解するために、1940年代の占領期から語ることは（新書という媒体で）可能であるし、是非ともそうすべきである。

なぜ占領期からなのか。象徴的には、この時代に日本国憲法が成立したことを想起すればよい。現行憲法は占領統治下に制定され、これまで一言一句として変更されたことはない。国民主権、平和主義、基本的人権の尊重を謳う国家基本法を新たに「ゲームのルール」に採用したことで、戦後の政治は、戦前のそれと大きく異なる制度的枠組みの下で展開されることになった。またこの憲法の存在は、それ自体、戦後史を貫く深刻な政治的争点でもある。憲法改正をめぐる問題は、早くも1950年代初頭に浮上し、そこから70年を経た今日でもなお、各政党の立ち位置を分ける最も鋭い対立点として残り続けている。

現在の政治の姿は、それまでの歴史的な経緯によって強く規定される。現代政治学でいうところの「経路依存（path dependence）」という考え方である。政治の構造には「慣性」の法則が働く、ともいう。つまりは、平時において、一国の政治のあり方が内発的に、急激かつ大幅に変化することはまずない。この観点からすると、第二次世界大戦敗北に伴う占領改革は、それまでの構造を破壊し、新たな制度的慣性を生み出した、歴史上稀有な外発的ショック――少なくともその後80年近くにわたり、幸か不幸か日本はこれに匹敵するショックを受けていない――と見なせる。以上の意味で、占領期に形作られた諸制度やその運用法を理解することは、現代政治を説明するうえでも決定的に重要である。

その一方で、政治のかたちは、占領軍のような外部者による強制力がない限り微動だにしない、というものでもない。実際、GHQが去った後にも、日本政治の経路にはいくつかの重要な転換の契機が存在した。そうした転換を促した動力の大きなものとして、高度成長に伴う社会経済構造の変化や、冷戦の推移など国際環境の動きを挙げることができよう。結果として、1950年代、80年代、2010年代における政治のあり方には、(あくまで「戦後」体制の枠内で、であるが)見過ごせないほどの質的変化が認められる。日本政治の現在地点を知るためには、敗戦から今日までの歩みを一通り追体験してみること、すなわち戦後政治史全体の俯瞰《ふかん》が必要とされる所以《ゆえん》である。

本書は、一般の読者がそうした実践を行えるよう、手助けとなるべく著された。この本は、最初から最後まで読み通すことを前提に書かれている。そのため本書では、あまり細かい事項を網羅的に記述することにはこだわらず(そもそも新書という形式で「網羅」は無理があるし、そうした年表的な書物はすでに存在する)、今日的に重要な意義を持つ事項を中心に思い切って記述内容を絞ることとした。その分、中長期的な展開、「流れ」については理解しやすくなっているはずである。また、類書では前提知識とされているような政治（学）的概念についても、本書ではなるべく丁寧に説明を加え、若年世代や政治学になじみの薄い読者にも配慮した。

本書は、終章を含む全6章で構成される。このうち、第1章は1945〜60年、第2章は60〜75年、第3章は75〜90年、第4章は90〜2005年、第5章は05〜20年をそれぞれ扱う。すなわち各章とも15年分ということになるが、この区分は単なる便宜上のものではなく、実質的な意味を含んでいる。各時期の特徴や戦後史全体における位置づけ（各章冒頭や末尾部分で説明している）に注意しつつ読み進めることで、長期にわたる大きな流れがよりつかみやすくなるはずである。そして最後に終章（20年以降の展開について素描する）にたどりついたとき、今日の日本政治がなお「戦後」という枠組みを脱していないことが理解されよう。

目次

図表作成◎ケー・アイ・プランニング

# 戦後日本政治史

占領期から「ネオ55年体制」まで

凡例

・1996年以降の衆院選の投票率は小選挙区に関する数値を用いた。
・参院選の投票率は地方区・選挙区に関する数値を用いた。
・国政選挙前後の各党の議席数に関する数値は石川真澄・山口二郎『戦後政治史 第四版』（岩波書店、2021年）および朝日新聞記事を参照した。

# 第1章　戦後憲法体制の形成

本章では、1945年から60年までの政治の動きを追う。この時代に、今日まで続く「戦後政治」のありようが決定づけられる。

戦後の政治は、戦前／戦時のそれと完全に断絶しているわけではない。しかし、戦争に負けたからといって、日本人が集団として入れ替わったのでない以上、戦前戦後に何らかの連続性があるのは当然のことである。

むしろ、それにもかかわらず、戦前戦後の政治には質的に大きな違いがある点にこそ我々は注意すべきだろう。この異質性は、占領期の政治・行政に携わった当事者たちには自明のことであった。当時、大蔵官僚として活躍していた宮澤喜一《みやざわきいち》は、占領期に「革命」が行われたとし、「敗戦から独立まではわずかに7年間ではあったが、この間の国の変革は恐らく歴史が自然に流れていたならば、百年を以《もっ》てしてもなし得なかったところであろう」と述べている（『東京―ワシントンの密談』）。

実際のところ、占領期に実施された改革の中には、戦時期に日本政府内で検討されていたものもある。しかし、明治維新以来となる社会・政治制度の抜本的な変更を現実に行うには、既成の政治社会にしがらみのない外国軍の権威による後押し、あるいは強制を必要とした。その意味で、「戦後政治」はやはり、戦争に敗北したことで初めて形作られることが可能になったと言える。

敗戦によってもたらされた「革命」とはどのようなものであったのか。また、当時の政治家や国民がどのように「敗北を抱きしめて」（J・ダワー）いたか、すなわち占領改革の成果をどう受け止め、反応したのか。こうした戦後政治の原点を知ることは、現在の日本政治を理解するうえでも欠かすことができない。

## 1　占領改革

## 7年間の「革命」

1945年8月14日、大日本帝国政府はポツダム宣言受諾を表明し、連合国に対し降伏した。同月末、マッカーサー元帥《げんすい》が厚木《あつぎ》に降り立ち、足掛け7年に及ぶ占領統治が始まる。

ポツダム宣言は、戦争終結の条件を日本政府（鈴木貫太郎《すずきかんたろう》内閣）に提示した米英中首脳の共同声明であった。マッカーサー率いる連合国最高司令官総司令部（GHQ）の使命は、同宣言に示された方針、すなわち非軍事化・民主化改革を日本に施すことである。

GHQの動きはまことに迅速であった。日本軍の武装解除や軍需施設の接収は1945年のうちにほぼ片がついた。民主化の面では同年10月、マッカーサーにより「五大改革」が指令され、治安維持法の廃止、婦人参政権の付与、労働組合法の制定、財閥解体などが漸次、進められている。

GHQによる見直し、指導の対象は、政治・経済・社会・文化のあらゆる側面に及んだ。しかし、その効果の不可逆性という点において、新憲法制定と農地改革が持った意義は格別に大きい。

占領統治はいずれ終わる。占領軍の力を背景に、いかに表面的な制度変更を行っても、保守的な日本の統治エリート（政治家・官僚）は、主権回復後にその成果を覆し、旧に復そうとするかもしれない（後述するように、実際そうした反動の時代がのちに来る）。そこで、占領終了後も日本が民主的、非軍国主義的体制であり続けることを担保するため、二つの面で大手術をすることが求められた。一つは、政治という「ゲームのルール」の大枠を定める憲法典を民主的なものに改め、固定することであり、もう一つは、日本の社会構造そのものを民主主義に適合的な体質へと作り変えることであった。

農地改革は、まさに後者の意味を持った社会的「革命」である。GHQは、日本の農村における不平等な（封建的な）土地所有制度が軍国主義台頭の土壌になったと見なし、地主制度の解体を求めた。農地改革のアイデア自体は戦時期から農林官僚の間で検討されていたこともあり、終戦後まもない1945年12月に農地調整法改正（第一次農地改革）が行われたが、GHQはさらに抜本的な改革を求め、政府に圧力をかけた。

最終的に1946年10月に成立した第二次改革法は、きわめて急進的な内容であった。その後、農地の強制買収・売渡しが進められた結果、47年から50年にかけて、小作地は総農地面積の40%から10%へ、（自作地をまったく持たない）小作農の割合は全体の26%から6%へと激減した。当時インフレーションが進んでいたこともあって、農地の譲渡は無償同然で行われた。これに対し、旧地主層は違憲訴訟まで起こして猛抗議したが、認められなかった。

このように土地所有が強制的に平等化されたことで、農村では階級対立が不可逆的な形で抑えられることになった。この「革命」は、農村での左翼政党の浸透を抑え、のちの保守政党による一党優位体制の確立に大いに寄与することになる。

## 敗戦処理内閣

日本本土における占領統治は、連合軍による直接軍政が敷かれたドイツの場合と異なり、日本政府を介在させる間接統治方式が採られた。このことは日本側の統治エリートを安堵させた一方、敗戦処理係を担った初期の内閣は、いずれもGHQとの関係に苦しむことになる。

ポツダム宣言受諾の3日後（1945年8月17日）に首相に任じられた東《ひがし》久邇宮稔彦《くにのみやなるひこ》王は、皇族かつ陸軍大将でもあり、その立場から国内外の軍の暴発を抑え、マッカーサーら進駐軍を円滑に迎え入れることが期待された。東久邇内閣はこの任をよく果たし、平和裏に9月2日の降伏文書調印を行い、なお流動的であった占領方式を間接統治型に確定させた。

しかし、自由主義志向が強かったとされる首相個人はともかく、官僚機構のあり方は戦時期そのままであった。10月初頭、内務省が政治犯の釈放を否定し、天皇・マッカーサー会見について報じた新聞を発禁にすると、業を煮やしたGHQは事前通告もなく「人権指令」を発し、内相以下、警察官僚4000人の罷免《ひめん》を発表した。首相は、間接統治方式を揺るがす突如の決定に驚き、「これを御無理ごもっともで聞いていては、今後の日本政府はあれども無きが如きものになってしまう」（『緒方竹虎《おがたたけとら》』）と述べ、抗議の意も込めて内閣総辞職を表明した。

東久邇内閣は２ヵ月ともたなかった。

明治憲法下では、内閣総理大臣は大命《たいめい》降下、すなわち天皇による直接指名という形式で任じられた。10月９日、組閣の大命が下ったのは、半ば隠遁《いんとん》生活に入っていた73歳の老男爵《だんしゃく》・幣原《しではら》喜《き》重郎《じゅうろう》であった。幣原は外交官出身で、１９２０年代から30年代初頭の民政党系政権で外相を長く務め、英米協調志向の「幣原外交」を展開したことで知られる。幣原首相個人は、五大改革指令に前向きに応じるなどしてマッカーサーの信任を得た。

しかし、１９４６年正月早々にＧＨＱが突如発した公職追放令が、幣原内閣を早くも窮地に追い込む。追放の対象は、軍人や大政翼賛会関係者はもちろんのこと、「その他の軍国主義者・極端な国家主義者」といった不明瞭なカテゴリーまで含む、きわめて広範なものであった。これにより、内閣の中でさえ複数名が追放に該当すると見られた。激高した首相は一時、辞意を固めたが、閣僚やマッカーサーから強く慰留され、ここでは忍従した。しかし翌月、憲法改正の問題で、首相は再びＧＨＱに煮え湯を呑まされることにな

**幣原喜重郎（中央）と片山哲（左）**（1946年5月、読売新聞社）

る。

## 新憲法の制定

明治憲法改正の必要性は、幣原内閣発足当初から、マッカーサーによって指摘されていた。また政党や民間でも、様々な立場から改憲案が構想されつつあった。幣原内閣は、首相自身「憲法を改正しなくとも、解釈に依《よ》つて如何《いか》ようにも運用が出来る」(『芦田均《あしだひとし》日記』)と見ていたように、憲法改正に消極的であったが、ともあれ松本烝治《まつもとじょうじ》国務相を中心とする憲法問題調査委員会を発足させ、この問題に対応する姿勢を見せた。

ところが、松本委員会による憲法改正案が1946年2月初頭に報じられると、その内容が保守的すぎると評価され、結局GHQによる全面介入を招くことになった。GHQがこの問題の解決を急いだ背景には、戦勝国の間で、天皇制廃止を含む厳しい意見が強まっていたことがある。マッカーサーは、占領統治を円滑に進めるため、天皇制を維持すべきと見ていた。そのため、連合国の対日最高管理機関である極東委員会が2月末に設置されるのに先んじる形で、民主的・非軍国主義的な新憲法案を提示すべきと考えたのである。

こうして、ホイットニー准将らGHQ民政局の手により、急ごしらえで具体的改正案が起草されることになった。「密室の九日間」を経て完成した草案が日本側に手交されたのは、

2月中旬のことである。マッカーサー草案が幣原首相、吉田茂《よしだしげる》外相以下、日本政府に与えた衝撃は大きかった。新憲法案の要諦は象徴天皇制と戦争放棄にあったが、戦前期以来の統治エリートにとって、とりわけ前者の受け入れが難しかった。しかし結局、天皇制の存続そのものを人質に取られた格好の幣原は、やむなくGHQ案を受け入れ、これを元に政府案の起草を進めることとした。

帝国憲法改正案が議会で審議に入ったのは、幣原内閣退陣後、第一次吉田内閣下の1946年6月のことであった。議会審議の過程では、9条について(2項に「前項の目的を達するため」との文言を加える、いわゆる芦田修正)などいくつかの重要な修正が施された。最終的に、日本国憲法は46年11月3日に公布され、その半年後に施行されることとなる。またこの間、地方自治法、内閣法、国会法といった、憲法典の内容を実質化する法律(憲法附属法)が次々に制定された。

一度作られた制度は容易に変化しない。これはあらゆる法制度に言えることであるが、憲法においてとりわけそうである。近代国家における憲法は、政治体制の性格を決める基本ルールであり、一般に、ときの政権が容易に内容を変えられないように作られる。天皇の定めた憲法(欽定《きんてい》憲法)である大日本帝国憲法も、「不磨《ふま》の大典《たいてん》」に位置づけられ、わずかな文言の修正さえされたことはなかった。ましてや君主主権制の廃止といった体制の基本的性格を改めるような憲法典の抜本的修正（というより置き換え）は、革命期や敗戦直後のような非常事態においてのみ起こりえる現象である。日本国憲法の制定も、そうした稀有《けう》な出来事として理解すべきで、これこそが「現代」日本政治の説明を占領期から始めるべき所以なのである。非常時に制定された日本国憲法は、その後、今日まで一言一句改められることなく、この国の政治の基本的枠組みであり続けている。

## 政党政治の再生

次に、終戦直後の政党政治の展開について見ていこう。立憲政友会、立憲民政党といった戦前の政党は、戦時体制強化の一環として１９４０年に解散し、大多数の議員が大政翼賛会に属することになった。敗戦後、議員たちはまず、政党そのものを再興するところから始めなければならなかった。

１９４５年11月初頭、まず戦前の無産政党系議員たちが結集し、西尾末広《にしおすえひろ》ら代議士17名で日本社会党を創設している。つづいて同月、保守系政治家の側でも、鳩山一郎《はとやまいちろう》ら43名が日本自由党を、その他大多数（２７３名）の現職議員が日本進歩党をそれぞれ結成した。これらに加え、戦前以来の政府による弾圧で壊滅状態にあった日本共産党（22年結党）も、徳田《とくだ》球一《きゅういち》ら幹部が出獄し、表舞台での活動を開始した。

こうした中、1946年1月に公職追放令が発されたが、この処置は結成まもない各党に甚大な影響を与えた。特に大多数が翼賛議員で構成された進歩党では、町田忠治《まちだちゅうじ》総裁以下、ほとんどの現職議員が追放され、来る衆院選に立候補さえできなかった。他の党でも、進歩党ほどでなかったにせよ、多くの現職議員が退場を余儀なくされた。

このようにGHQにとって好ましからざる候補者を排除したうえで、4月、終戦後初の衆議院議員選挙が実施された。この選挙では初めて女性に投票権が与えられ、大選挙区・制限連記制（選挙区定数が2～14人で、有権者は1～3人を選んで投票する）という新制度で行われた。結果、自由党が140、進歩党が94、社会党が93、共産党が5議席を獲得した。結党時と比べると、進歩党が大きく後退し、代わりに自由党と社会党が伸びたことになる。また、比較的得票率の低い候補者まで当選圏内に入るという選挙制度の特性もあって、無所属や諸派の議員が議席数全体の4分の1をも占めたことが特徴的であった。

この選挙結果を受け、誰が次の政権首班となるかが焦点となった。幣原首相を進歩党の総裁に据えて続投させる案も一時浮上したが、非立憲的との批判が強まり、結局断念された。第一党・自由党の総裁であった鳩山は当然、組閣に意欲を示したが、戦前期の右派的言動を問題視したGHQ民政局によって、強引にも選挙後に公職追放に処されてしまう。これを受けて、鳩山はやむなく党首の座を、戦前から親交のあった吉田茂に譲る決断をした。戦前期に親英米派の外交官として活躍した経緯から、敗戦後の指導者たる資格を得たという点で、幣原と吉田には共通点がある。

**激化する階級闘争**

1946年5月、第一次吉田内閣が発足したが、政権が直面した当時の社会情勢はきわめて不安定であった。戦争による消耗と破壊で大打撃を受け、日本の経済発展度（1人あたりGDP）は10年ごろの水準にまで後退していた。市中ではインフレが亢進《こうしん》し、国民生活を混乱させた。また喫緊の問題として、都市部を中心に食糧不足が深刻であった。このままでは1000万人の餓死者が出るとの観測さえあった。

こうした中、民主化機運の高揚もあって、各企業で労働運動が強まり、街頭でも抗議活動が噴出する。吉田が組閣を進めていた5月中旬には、共産党に指揮された労働者ら25万人（主催者発表）が宮城前まで押し寄せる「食糧メーデー」が実施された。当時の日本政府はこの騒動を抑える実力を持っておらず、マッカーサーが占領軍による事態収拾を示唆《しさ》したことでようやく収まった。吉田によれば、「当時の状況は正に革命的」で、「第一次内閣などは全く赤旗の包囲の裡で組織されたという実情」（『回想十年』）であった。

この時期、企業内での労働争議もまた革命的形態を採った。終戦直後の労働争議（読売争議、東芝争議、東宝争議等）では、共産党の指導の下、生産管理闘争、すなわち各企業で経営者に代わって労働者が生産現場を支配するという急進的手法が採られた。政府は１９４６年6月、「社会秩序保持に関する声明」を発し、生産管理闘争を厳しく処断する方針を示している。

共産党はさらに、１９４６年8月、「吉田反動内閣打倒、人民共和国政府樹立」の闘争方針を決議し、全国１６０万人の労働者を擁《よう》する全日本産業別労働組合会議（産別会議）を組織した。47年1月には、産別会議を含む33の労働団体が、2月1日に一斉ストライキに入ることを決定する。この「二・一ゼネスト」は、労働者６００万人の参加が計画された史上空前の争議であった。運動指導者を「不逞《ふてい》の輩《やから》」と呼ぶなど、労働攻勢への対決姿勢を露《あら》わにしてきた首相であったが、吉田政権に自力で事態を収める術《すべ》はなかった。

二・一ゼネストは結局、1月末のマッカーサーの命令によって、すんでのところで中止させられる。この件を機に、ＧＨＱは共産党に対する警戒を強め、時局収拾のため吉田内閣を交代させる方向に動く。

なお、社会党はこのとき、共産党から距離を取ってゼネスト自体に反対しており、そのことが次の中道連立政権誕生を可能にした。社会党内では結成以来、急進的な共産党を嫌う西尾ら右派議員が主導権を握っていた。

### 中道連立政権

１９４７年５月の新憲法施行に先立ち、各種の選挙が実施されることになった。３月には、これを見越した政党再編の動きがあった。前年の選挙に敗れた進歩党（幣原が入党し、総裁を務めていた）は、自由党の芦田均を党首に迎え入れ、民主党として再出発を図った。また同じ月、中道志向の中小政党が合併し、三木武夫《みきたけお》を指導者とする国民協同党も誕生している。

４月20日、初めてとなる参議院議員選挙が行われた。全国区（全国を1選挙区とし、有権者は候補者1人を選んで投票する）から１００人、選挙区（都道府県単位）から１５０人を選出している。結果、社会党47、自由党38、民主党30議席などとなったが、それより無所属候補が１００名以上も当選したことが、この第一回参院選の特徴であった。無所属議員の中には貴族院議員からの転身組など、政党色を嫌った保守系政治家が多く含まれた。このうち山本《やまもと》有三《ゆうぞう》らは、院内会派としてまとまりを作ることとし、５月に緑風会《りょくふうかい》を立ち上げた。同会は、国会召集日には92名の最大会派となる。以降、緑風会は、基本的に保守政党寄りの立場を採りつつも、独自会派として１９５０年代前半まで一定の存在感を持った。

衆院選については、前年と異なり、中選挙区制で行われることになった。有権者は1票を投じ、1選挙区あたり３～５人を選出する（のち例外的に1、2、6人区も置かれた）という方式である。この選挙法改正の背景には、前回の大選挙区制が小党乱立を生んだこと、殊に共産党の議席獲得を促したことに対する国内保守勢力やマッカーサーの懸念があった。

選挙は4月25日に行われ、結果、社会党が143議席獲得と大躍進し、僅差で自由党131議席、民主党124議席と続いた。保守2党（自由党、民主党）は、選挙を前にして多数の現職議員が公職追放に処されたこともあり、不振に終わった。他方、最左翼に位置する共産党も4議席にとどまり、前年の選挙より後退している。

この選挙の結果、単独で過半数議席を取った政党はなく、様々な政権の形が模索されたが、結局誕生したのは社会・民主・国協の3党連立政権であった。首班には、キリスト教社会主義者の片山哲《かたやまてつ》社会党委員長が就いた。政権の要は、官房長官に就いた社会党右派の西尾であった。政権発足当初の内閣支持率は70％近く（毎日新聞調査）にも達しており、国民から高い期待を持たれていたことが分かる。

社会党首班政権の誕生は、保守的な吉田自由党を嫌ったGHQ民政局にとっても歓迎すべき出来事であった。実際、片山内閣は、民法・刑法改正といった新憲法施行に伴う法整備のほか、内務省解体、警察制度改革（自治体警察の設置）、労働省設置といった占領改革の仕上げをする役割を担った。こうした成果を受け、マッカーサーは1948年元旦、「日本を改革し再建する計画が完了する日は近い」との声明を発している。経済安定本部（安本）を司令塔として実施された、「傾斜生産方式」（石炭、鉄鋼生産の重点化）による経済復興も軌道に乗りつつあった。

しかし結果として、片山内閣は10ヵ月足らずの短命に終わってしまう。その原因は、連立与党間および社会党内の亀裂であった。政権内の軋轢《あつれき》を生んだ大きな争点として、炭鉱国家管理問題があった。これは当時、傾斜生産方式の下で増産体制に入っていた重要産業の炭鉱業を、政府が直接管理しようとした政策をめぐる対立である。社会党政権としては炭鉱国管を、「唯一の社会主義的色彩をもつ、いわば金看板の政策」（『西尾末広の政治覚書』）と位置づけていた。しかしこの左派的政策に対し、連立与党内の保守派から激しい抵抗が出て、民主党の一部（幣原派）が離党する始末となった。またこの過程で、法案の内容が骨抜きにされた結果、社会党内の左派グループも不満を強めた。このほか、社会党内では閣僚人事（GHQの圧力で罷免された右派・平野力三《ひらのりきぞう》農相の後任を決める人事）や、公共料金値上げの問題をめぐって対立が深刻化し、左派の協力がまったく得られなくなった片山首相は1948年2月、ついに辞任を表明した。

後任の首相には、連立与党内から民主党総裁の芦田が就いたが、政権の「たらい回し」と批判され、当初から不人気であった。芦田は、幣原や吉田と同じく外交官出身で、斎藤隆夫《さいとうたかお》の「反軍演説」（1940年2月）にも賛同した自由主義者として知られてきた。しかし、芦田内閣の新しい施策として挙げられるのは、皮肉にも、公務員の労働権を制限（団体交渉権、争議権を剥奪）する政令２０１号の発令くらいとなった。同政令は、労働運動の抑制を意図して、マッカーサーの指令により、48年７月に発出されたものである。

マッカーサーを訪問する芦田均（1948年8月、読売新聞社）

前政権と同じく与党間／内の亀裂を抱えていたうえ、１９４８年６月には昭電《しょうでん》疑獄が発覚し、芦田内閣はほかにほとんど事績を残す時間のないまま、約７ヵ月で倒壊してしまう。昭電疑獄は、化学肥料メーカーの昭和電工が政府高官や有力政治家、ＧＨＱ要人などに贈賄《ぞうわい》したとされる汚職事件で、栗栖《くるす》赳夫《たけお》安本長官、西尾前副総理まで逮捕されるに及んで、芦田内閣は総辞職となった。芦田自身も、首相退任後にこの事件に絡んで逮捕された。

その後、なおＧＨＱ民政局は妨害工作を試みたものの、結局１９４８年10月、吉田茂が再び首相の座に就く。吉田の党は、民主党を離れた幣原系議員などを加えて同年３月に民主自由党と改称し、衆院第一党になっていた。この動きは第一次保守合同とも呼ばれる。吉田はこの後、６年以上にわたって政権を維持した。

他方、社会党は冬の時代に入り、保守政党との連携は決定的な失敗であったと党内で評価されるようになる。内紛など独り相撲で中道連立政権が転び、その反動で後継の保守政権が長期安定化したという点は、はるか後年の民主党政権（２００９〜12年）挫折の顛末《てんまつ》にも似ている。

### 吉田ワンマン体制の確立

第二次吉田内閣は、与党が衆院過半数議席を持っておらず、政権基盤が不安定であった。そこで吉田は早期の衆院選実施を望んだが、首相が憲法７条（衆院解散を天皇の国事行為に挙げる条項）に基づき自由に解散権を行使できるか、まだ解釈が確定していなかった。そのため、首相は野党、ＧＨＱと調整し、１９４８年12月、野党提出の内閣不信任案をあえて可決させ、憲法69条の手続きに従う形で衆議院を解散した。この経緯は「馴れ合い解散」と呼ばれる。

１９４９年１月に実施された衆院選は、吉田の狙い通り、民自党が地滑り的勝利を収め、過半数超えの２６４議席を得る結果となった。片山・芦田政権期にイメージを悪化させていた旧連立３党は軒並み議席を大きく減らし、特に社会党は48議席にまで落ち込んだ。他方、この選挙では共産党が35議席獲得と大躍進している。社会党からの離反票が流れたのであろ

吉田茂（1948年10月、読売新聞社）

う。

吉田はこの選挙で、佐藤栄作《さとうえいさく》（元運輸次官）や池田勇人《いけだはやと》（元大蔵次官）など高級官僚を民自党から多数出馬させ、当選させている。選挙後には、子飼いの官僚政治家を政府や党の要職に就け、吉田首相は「ワンマン」と呼ばれる強力な指導体制を築いていく。１９５０年３月に、民主党から多数の議員（犬養健《いぬかいたける》ら）を分離させ、与党に合流させたことも、吉田の権力基盤を強めた。民自党はその際、自由党へと改称している。他方、芦田など民主党の残留組は同年４月に国協党と合流し、国民民主党を結成した。

第三次吉田内閣の内政面での事績として特筆すべきは、いわゆるドッジ・ラインの実施である。１９４８年12月にＧＨＱが発表した「経済安定九原則」を実現するため、49年2月、銀行家ドッジが来日した。ドッジ・ラインの主眼は、インフレを一挙に抑えるための財政金融引き締め政策である。直近の衆院選で与党はバラマキ政策を公約していたが、ドッジの有無を言わせぬ指導により、結局49年度予算は超緊縮型となった。吉田自身も本来は「計画嫌い」で、自由経済志向であったことが知られる。

デフレ政策による不況の深刻化は、社会不安をもたらした。民間では中小企業の倒産、失業の増大、賃金の低下や遅配が相次いだ。１９４９年２月から12月の間に、民間だけで43万人以上の労働者が解雇されたとされる。公共部門では５月に行政機関職員定員法が成立し、27万人近い労働者が人員整理の対象となる。国鉄（日本国有鉄道）では９万５０００人もの解雇が予定されたが、その案が示された直後の７月初旬に下山定則《しもやまさだのり》総裁が轢死体《れきしたい》となって発見されるという怪事件が起きた（下山事件）。国鉄ではその後も、人為的と見られる列車の暴走や脱線転覆（三鷹《みたか》事件、松川《まつかわ》事件）が相次ぎ、死傷者を出している。

他方、ドッジ・ラインは結果として物価を安定させ、企業の体質改善を進める効果をもたらした。またドッジ・ラインの実施と引き換えに、１９４９年４月、日本は１ドル３６０円の単一為替レートを与えられ、国際経済への復帰を許された。商工省が通商産業省へと改組されたのは、その翌月のことである。さらに、翌年の朝鮮戦争勃発を機として、日本経済は本格的に成長軌道に乗っていく。

### 共産党の急進化とレッド・パージ

当時の国際情勢は、国内の政党に大いに影響を与えた。共産党では、１９５０年１月にコミンフォルム（ソ連の主導する国際共産主義運動組織）が同党の運動方針（平和革命路線）を手ぬるいと批判したことから、混乱が生じた。これをきっかけに、共産党は、主流の「所感派」（野坂参三《のさかさんぞう》、徳田球一ら）と、反主流の「国際派」（宮本顕治《みやもとけんじ》ら）に内部分裂する。所感派は、コミンフォルムに反論する所感を発表したためにこう呼ばれたが、このグループも結局は批判を受け入れ、平和革命路線を放棄するに至る。

他方、GHQと政府は、米ソ対立の深刻化を反映して、共産党に対する警戒を強めつつあった。1949年4月には、政府は団体等規制令を公布し、共産党を念頭に、「反民主主義的団体」に対する取り締まりを強化した。政府はまた、同年夏に起きた松川事件など一連の国鉄事件に際し、共産党とその影響下にある労働組合の関与があったと示唆し、党員を逮捕した。

さらに1950年5月、共産党を支持するデモ隊が皇居前広場で米軍と衝突し、8名が逮捕されるという事件が起きる。これを受け、マッカーサーは6月、共産党中央委員の公職追放を指令し、機関紙『アカハタ』の発刊を停止させた。7月には、団体等規制令違反容疑で逮捕状が出され、野坂、徳田ら主流派幹部は北京に亡命した。また報道機関をはじめ、多くの民間企業に共産党員追放の勧告が出され、1万人以上が解雇された。政府機関についても「共産主義者等の公職からの排除」が50年9月に閣議決定され、同年内に約1200人が追放された。

これら一連の弾圧政策は「レッド・パージ」と呼ばれる。厳しい弾圧にさらされた共産党指導部は地下に潜り、暴力革命路線を先鋭化させた。この方針に基づき、共産党員は農村で「山村《さんそん》工作隊」を組織し、火炎瓶を用いた武装闘争を各地で展開した。

終戦直後の時期には、軍国主義体制に抵抗し続けてきた共産党の道義的立場は高いもので、厳しい経済状況の下、党員・シンパを多く集めていた。しかし、1949年前後の政府・GHQによる激しい反共キャンペーンと共産党自体の過激化は、同党に対する一般国民の印象を著しく悪化させた。共産党の絶対得票率（棄権者を含む有権者全体に占める得票数の割合）は、49年1月衆院選で7％以上（得票数300万票弱）あったのに対し、52年10月衆院選では2％弱（90万票弱）にまで落ち込み、獲得議席なしに終わっている。

### 社会党の内紛と総評

社会党もまた、1949年衆院選で大敗した後、再建への方針をめぐって混迷を深めていた。同年4月の第四回党大会では、稲村順三《いなむらじゅんぞう》と森戸辰男《もりとたつお》の論争を軸に、党内のイデオロギー的亀裂が鮮明化した。左派の稲村は、社会党を労働者中心の「階級的政党」と規定し、「政治的権力が一つの階級に移動する」意味での（つまりはマルクス主義的意味での）革命を目指すべきだとする。これに対し、右派の森戸は、社会党を広く大衆に開かれた「国民政党」と位置づけ、経済民主化に向けてあくまで漸次的、平和的に進むべきであり、「暴力的無産階級独裁の共産党方式」とは積極的に対抗すべきだとした。

第四回党大会では結局、社会党を「階級的大衆政党」と規定することで、玉虫色の決着をみた。その一方で、書記長（保守政党の幹事長にあたる、党首に次ぐ地位）選挙で左派の鈴木茂三郎《もさぶろう》が勝利するなど、同大会は、党組織の中枢を左派が握っていく契機となった。

左派が発言力を強めた社会党内で、右派議員たちは不満を強めるようになる。1950年1月の第五回党大会でも、党の路線や人事をめぐって左右両派が激しく対立し、「マルクス主義的偏向による党再建には断固反対」だとして、右派議員が党を一時離脱する騒ぎが起きている（『日本社会党の三十年（1）』）。

社会党内における左派の影響力増大の背景には、日本労働組合総評議会（総評）による強力な支援があった。二・一ゼネストが挫折した後、産別会議内部で共産党支配に対する不満が強まり、1948年2月、産別民主化同盟（民同）が結成された。この民同派の組合などが50年7月に新たに結成したナショナルセンター（全国頂上団体）が総評である。総評の立ち上げは、労働界における共産党の影響力を弱めることになると予想されたため、GHQも後押ししていた。ところが、反共を目的として結成されたはずの総評は、高野実《たかのみのる》事務局長の指導の下、ほどなく左旋回し、反米姿勢を鮮明にしていく。総評は、日本教職員組合（日教組）、国鉄労働組合（国労）、全逓信《ていしん》労働組合（全逓）といった官公労組を中心に構成され、組合員数は発足時で276万人という巨大組織であった。集票力と資金力を持つ総評が社会党の左派議員を支援したことが、その後の同党の路線を決定づけていく。

## 2　再軍備と講和

### 朝鮮戦争と再軍備

第二次世界大戦終結後、米ソ両大国間の亀裂が深まり、1940年代末には北東アジアにも東西対立の影響が直接的に及ぶようになる。中国大陸では、49年10月に中国共産党が内戦に勝利し、中華人民共和国を樹立した。その翌年には、「日本または日本の同盟国」を仮想敵国とする中ソ友好同盟相互援助条約が結ばれている。

東西対立が深まるにつれ、米国の対日占領政策は転換していった。初期には日本の徹底的な非軍事化が占領統治の目的であり、経済面でも財閥解体など弱体化が図られた。ところが1940年代末になると、米国政府は、日本を軍事面まで含めて強化することで、共産主義陣営に対する防波堤に育てることを考えるようになる。ドッジ・ラインにより日本経済の自立化を図ったのも、こうした政策転換の一環として理解できる。

１９５０年6月25日、北朝鮮軍が突如、北緯38度線を越えて韓国側に侵入した。こうして始まった朝鮮戦争が、米国の占領政策転換を決定づけることになる。朝鮮半島に派遣される在日米軍を穴埋めするため、7月初旬、マッカーサーは吉田首相に対し、海上保安官の増員と7万５０００人規模の警察予備隊の創設を促した。実質的な再軍備の始まりである。

これ以降、米国は、日本政府に対し再三、軍備増強を求めるようになり、ついにはその障害となる憲法9条の改正を迫るようになる。吉田首相は、国内治安維持の観点から警察予備隊の設置を歓迎したが、本格的な軍隊の再建については、経済復興の妨げになる、軍閥が復活しかねないといった理由から慎重であった。１９５１年2月、来日した国務省顧問ダレスに対し、吉田は、参謀本部の機能を備えた保安隊を創設すると約束し、外圧をひとまず受け流した。

**講和問題**

第三次吉田内閣の最大の課題は、占領状態を終わらせること、すなわち講和条約の締結であった。講和のあり方をめぐって、政治家や知識人の論調は大きく割れた。国内では１９４9年秋ごろから講和問題に関する議論が活発になるが、主たる争点は、米国など西側陣営諸国とだけでも早期に講和するか、ソ連など東側陣営諸国とも同時に講和することを目指すかという点にあった。後者の立場は「全面講和」論と呼ばれ、前者の立場を「片面講和」論として厳しく批判した。またこの点と関連して、講和後の日米関係、具体的には国防をどれだけ米国に依存するかについても争点となった。米国の軍事力に過度に頼ることは、日本自身の武装を軽く済ませられる一方、「独立」後も従属的な地位のままに置かれるとの懸念を生むことになる。

吉田首相は、米ソ対立が激化した国際的現実をふまえ、西側諸国との単独講和以外に道はないとした。また、軽武装主義の観点から、主権回復後も米軍基地を国内に残し、国土防衛を米国に大いに依存する方向を模索した。第二保守党の国民民主党は当初、全面講和論を唱えたが、芦田均の主導で1950年7月には単独講和論に転じている。

これに対し、左派の主導する社会党執行部は1950年12月、全面講和・中立堅持・軍事基地反対の「平和三原則」を決定し、政府の方針に異を唱えた。翌年1月の党大会では、これに再軍備反対を加えた「平和四原則」が採択されている。

こうした中、講和会議が1951年9月にサンフランシスコで開催され、同月8日、政府は「片面」の講和条約に調印した。ソ連は条約に調印せず、中国は共産党政府（中華人民共和国）・国民党政府（中華民国）ともに会議に参加さえしていない。また同日、吉田首相は日米安全保障条約にも調印し、西側陣営の一員となる方針を明確にした。

講和問題は、さしあたり、社会党を分裂させるという形で国内政治に大きく作用した。1951年10月からの臨時国会で、条約批准の賛否を迫られるに至り、同党内の亀裂が決定的となったのである。右派はそもそも平和四原則に批判的で、講和・安保の両条約に賛成する立場を採った。対する左派は、両条約ともに反対の立場である。右派は結局、妥協して中間派の講和条約賛成・安保条約反対の立場に同調したが、それでも左派と折り合わず、10月下旬、乱闘の末、党そのものの分割を決定した。右派社会党と左派社会党は、これ以降、国会での会派を別とし、選挙でも別政党として争うことになる。

## 「憲法問題」の発端

日米安保条約に基づき、主権回復後も米軍基地は国内各地に維持されることになった。他方で日本政府は、米国から絶えず自前の防衛力増強を迫られた。これに応える形で1952年10月、警察予備隊が改組され、保安隊が設置されている。さらに、54年3月にはMSA協定(日米相互防衛援助協定)が結ばれ、米国からの経済援助のバーターとして防衛力増強を義務づけられる。これを受け、吉田政権は同年7月、明示的に国防を目的とし、陸海空「三軍」を備える自衛隊を創設した。

こうした国防体制の整備は、当然ながら、「陸海空軍その他の戦力は、これを保持しない」と定めた憲法9条との整合性を問われることになる。この「憲法問題」に対し、主に3つの立場があった。まず、自由党内の反吉田グループや第二保守党（後述の改進党）、財界に強かった主張として、憲法を改正したうえで、堂々と正式の再軍備を進めるべきとの立場がある。自前の防衛力を重視する観点から、自主防衛論とも呼ばれる。これに対して、左派社会党や総評は憲法擁護の観点から、自衛隊と日米安保条約の廃棄、すなわち非武装中立論を主張した。

改憲・自主防衛派と護憲・非武装中立派は、再軍備の是非において対極的な立場である一方、現実の防衛政策と憲法典の記述との整合性を重視した点に共通性がある。ところが、ときの政府はこのどちらの立場も採らなかった。吉田首相は、自衛隊は9条規定上の「戦力」にはあたらないと説明した。すなわち吉田は、憲法問題の明示的解決をあえて図ろうとせず、あるいはむしろ、9条を融通無碍《ゆうずうむげ》に解釈することで、問題の存在そのものを否定したのであった。吉田はれっきとした保守主義者でありながら、軽軍備を志向し、少なくとも短期的には改憲を不要と考えていた。

以上の政府の方針は、当然ながら、改憲・自主防衛派にも護憲・非武装中立派にも不満を抱かせた。かくして、憲法問題は1950年代の日本政治における最重要争点として浮上し、結論から言えば、その後も解決されることなく、少なくともエリート（政治家・知識層）レベルにおいては今日まで残り続けている。

1950年代初頭における憲法問題の争点化は、その後の政党間競争のあり方を強力に枠づけることになる。第一に、憲法問題は非保守勢力、すなわち中道から左派の政党を分断するシンボル的争点になる。このことは、社会党のその後の政権獲得を著しく困難なものとした。第二に、これ以降の国政選挙に、与野党の勝敗を分ける「二重の基準線」が生まれることになった。政権維持を至上命令とする保守政党は当然、まずは「2分の1」以上の議席獲得を目指して選挙を戦った。対して護憲派野党は、憲法問題が争点である限り、その合計議席数が（改憲の国会発議を阻止できる）「3分の1」を超えることで、ある種の「勝利」を誇ることができた。中小勢力に分断された野党は、保守政党による超長期政権を許すことになったが、憲法問題の存在は、皮肉にも、万年野党に存在意義と自己満足感を与えたのである。

## 3　55年体制の成立

### 吉田時代の終わり

1952年4月28日、講和条約が発効し、日本は主権を回復する。日本の独立達成は、吉田政権の歴史的役割を終わらせた。条約調印直後に高まっていた内閣支持率は、主権回復後、急速に低下していった。

また、占領統治の終焉は公職追放者の政界復帰をもたらしたが、鳩山一郎や岸信介《きしのぶすけ》といった戦前・戦中派は、占領軍によって形成された戦後政治の枠組みに違和感を持ち、吉田茂の政権運営にも不満を持っていた。鳩山や岸は追放解除後、自由党に入り、与党内から吉田の政策方針やワンマン体制を批判する勢力の中核となった。松村謙三《まつむらけんぞう》ら追放解除者の一部は国民民主党などと合流し、1952年2月に改進党を結成したが、同党もまた、野党の立場から吉田政権と対峙した。これら保守陣営における反吉田勢力がこの時期、政策面で特に問題としたのが改憲・再軍備の問題であったことは前述の通りである。

1952年8月、吉田首相は与党内反主流派の伸長を抑える狙いから、鳩山らの準備が整う前に突如、衆議院の「抜き打ち解散」を行った。この解散は、内閣不信任案の可決がない状況で行われた最初の事例（7条解散）として知られる。吉田のこの策動に鳩山派は激しく反発し、自由党は2グループに分かれて選挙戦を戦うことになる。

10月の衆院選の投票結果は、自由党にとって厳しいものとなった。同党の獲得議席数は240と、過半数こそ確保したものの、選挙前の285から大幅に後退した。第二保守党の改進党も85議席と伸び悩んだ。右派・左派社会党は、それぞれ57、54議席を獲得し、前回衆院選の大敗からかなり回復した（それぞれ27、38増）。他方で共産党は、すでにふれたように、22あった議席をこの選挙ですべて失っている。

ついで、1953年4月にも突発的な衆院選が行われた。国会での吉田首相の失言をきっかけに内閣不信任案が両社会党から提出されたが、鳩山ら自由党内の反吉田グループが離党のうえ（ただし離党後も自由党を名乗った）、これに同調し、不信任案が可決されてしまう。これに対し、首相が衆院解散（いわゆる「バカヤロー解散」）で応じたのである。

選挙の結果、吉田自由党が過半数割れの199議席、鳩山自由党（分党派自由党）が35議席、改進党が76議席となり、保守勢力は全体として後退した。代わりに、両社会党が今回も伸長している。とりわけ左社は72議席にまで増え、右社の66議席を上回った。共産党は1議席を得たものの、絶対得票率（1・4%）では前回をさらに下回る低調であった。前年の選挙も含め、この時期の社会党（特に左派）の伸長は、労働組合の集票力による部分が大きいが、共産党を見限った有権者が流れた可能性も指摘できる。

こうして1953年5月に第五次吉田内閣が発足したが、少数与党政権となり、その基盤はきわめて不安定となった。吉田はやむなく、改憲について検討する憲法調査会を自由党内に置くなど譲歩して、鳩山らを一時的に復党させたが、吉田が総理総裁を続ける限り根本的な党内融和は成らなかった。54年に入ると、大規模な贈収賄スキャンダル（造船疑獄）が露見したうえ、首相の側近・佐藤栄作（自由党幹事長）が法相の指揮権発動により逮捕を免れるという騒動があり、吉田政権の正統性は一層失われた。

結局、１９５４年11月に鳩山、岸らは自由党を離れ（岸は除名）、改進党他と合流して日本民主党を結成する。反吉田の保守系議員が総結集した形である。その翌月、民主党は両社会党とともに内閣不信任案を提出した。追い込まれた吉田は、なお解散総選挙で応戦する構えを見せたが、自由党内の反対も強く、ついに内閣総辞職を決断する。かくて、48年10月から6年超に及ぶ長期政権にようやく終焉のときが訪れた。

## 社会党統一と保守合同

１９５４年12月、民主党総裁の鳩山一郎が、早期解散総選挙を約して両社会党の同調を取り付け、内閣首班に指名された。鳩山首相個人は、それまでの多難な政治家人生や吉田前首相と対照的な親しみやすさが好感を持たれ、高い人気で国民に迎えられた。鳩山政権の至上命令は、吉田路線からの転換である。特に重視されたのは憲法問題で、鳩山首相は施政方針演説において、「制定当時の事情と、これが実施の結果にかんがみまして、国情に即した修正を施す必要がある」と明言している。

１９５５年1月に衆議院が解散され、2月に総選挙が実施された。その結果、与党の民主党は「鳩山ブーム」に乗って185議席獲得（61増）と大いに勢力を伸ばしたが、過半数にはなお遠く届かなかった。対して、緒方竹虎に党首を交代した自由党は112議席しか取れず（68減）、大敗している。右派・左派社会党は今回も伸長し、それぞれ67、89議席を得た。これで両社会党の合計議席数は、改憲阻止可能な「3分の1」ラインをわずかながら超えたことになる。

この選挙を含め、主権回復後、順調に議席を回復してきた両社会党では、再統一に向けた機運が高まってきた。この動きの裏には、両党党首の鈴木茂三郎（左社）と河上丈太郎《かわかみじょうたろう》（右社）が、それぞれ党内のライバルである和田博雄《わだひろお》、西尾末広の影響力を希薄化しようとしたこと、すなわち両党内のお家事情も関係していたとされる。

統一運動の過程では両党の政策方針のすり合わせが争点になり、結果として完成した「統一綱領」は双方妥協の産物となった。とはいえ、統一綱領には「社会主義革命を遂行する」と明記され、「政治権力をその手に獲得し、窮極的にこれを安定化する」と永久政権を志向するような記述も含まれており、左派イデオロギー色は濃厚である。憲法問題については、資本家階級が「平和憲法の無視と改悪」を企図しているとし、9条護持の姿勢を示している。

1955年10月の大会でこの綱領が採択され、鈴木委員長・浅沼稲次郎《あさぬまいねじろう》書記長率いる日本社会党が再出発した。

**鳩山一郎（左）と緒方竹虎**（1955年11月、読売新聞社）

以上の動きに対し、保守政党の側では互いが足を引っ張り合い、末期吉田内閣も鳩山内閣も少数与党の下に不安定な政権運営を強いられていた。選挙でも保守二大政党は候補者乱立による共倒れを起こしており、それが両社会党伸長の一因になっていた。この状況を懸念した財界は、その資金提供力を梃子《てこ》に、保守勢力の結集を積極的に促すようになる。

こうして保守政党の間でも合同の機運が高まり、最終的に１９５５年11月、自由党と民主党の合流、自由民主党の結成が実現した。ただし、総裁の人選は難航し、当面空席のままとされた。鳩山が初代総裁に就いたのは、ライバルの緒方が死去した後、56年4月になってからである。初代幹事長には、旧民主党幹事長で保守合同にも尽力した岸が就いた。なお、吉田および側近の佐藤、橋本《はしもと》登《と》美《み》三郎《さぶろう》は、新党への参加を潔しとせず、鳩山総裁退任後まで入党しなかった。

自民党の政策方針は、社会党のそれと対照的なものとなった。合同の過程で採択された「党の使命」では「独裁を企図する共産主義勢力、階級社会主義勢力と徹底的に闘う」と宣言し、「党の政綱」（綱領の付属的文書）では「現行憲法の自主的改正をはかり、また占領諸法制を再検討し、国情に即してこれが改廃を行う」と明記している。全体として、旧自由党よりも旧民主党の色合いが強く出た内容である。

かくして、自民党と社会党が対峙する、いわゆる「55年体制」の構図が確立した。衆議院の議席はほぼ両党によって占められたが、勢力比が約2対1であったため、「1と2分の1政党制」とも呼ばれた。緑風会が独自会派として存在感を持っていた参議院でも、これ以降「政党化」が進み（緑風会議員の多くは自民党に流入した）、衆議院と同様、自社対立の構図となっていく。

なお1955年には、共産党でも、7月の第6回全国協議会（六全協）において、所感派・国際派の和解が進むとともに、武装闘争路線を放棄するという重大な決定があった。この方針転換は、共産党が一般有権者の票を得るための前提条件であり、実際に同党は60年代以降、各種選挙で勢力を伸ばすようになる。他方で、共産党の穏健化に不満を持った急進的活動家は、これ以降、独自の組織を立ち上げ、「新左翼」運動に走ることになった。

### 鳩山から岸へ

保守合同により巨大与党を得た鳩山内閣は、いよいよ宿願の憲法改正に向けて動こうとする。しかし、改憲実現への道は険しいものであった。

まずは、改憲発議の要件を満たすため、両院議席の3分の2以上を自民党議員で占めなければならない。そこで、衆議院の選挙制度を小選挙区制へ変更する案が検討された。各区で得票1位の候補者のみが議席を得る小選挙区制は、極端に大政党有利に働き、1政党に議席が集中する傾向がある。選挙制度改革法案は1956年3月に国会に提出されたが、これに社会党が反対したのは当然であった。さらに、政府案では自民党現職、とりわけ旧民主党系議員に有利な区割りがなされていたことから、社会党だけでなく、自民党内の旧自由党系議員からも反対論が噴出した。結局、公職選挙法改正案は6月に廃案となり、鳩山の狙いは頓《とん》挫《ざ》する。

こうした状況で迎えた7月の参院選が、結果として、1950年代の改憲運動の決定的な曲がり角となった。この選挙で社会党は49議席を獲得する躍進を見せ、共産党などを合わせ、鳩山政権の改憲に反対する勢力が参議院においても3分の1をわずかに超えることになる。任期中の改憲の道が閉ざされた鳩山首相は、以降、この問題に対する意欲を失っていく。

他方、「向米一辺倒」と揶揄《やゆ》された吉田前首相に対抗し、鳩山首相がもう一つ目標に置いたのが、ソ連との国交回復であった。スターリン死去後に周辺国との関係改善を模索していたソ連側からも接近があり、1955年6月から正式に交渉が始められたが、北方領土問題を含む妥結は容易でなかった。国内では、社会党が国交回復に前向きであった一方、むしろ自民党内で吉田系議員などが慎重な姿勢を示した。結局、56年10月になって、首相自身がモスクワに赴き、領土問題を棚上げにすることで日ソ共同宣言にこぎつけた。これにより、同年12月、日本は国際連合への加盟も認められることになる。

鳩山首相は、日ソ交渉の妥結を花道として退任を表明した。これを受け、自民党では1956年12月、初めての競争的な総裁選が実施された。この選挙は、同党内の派閥分断が進んだ契機として知られる。選挙戦の過程で、岸信介、佐藤栄作、池田勇人、大野伴睦《おおのばんぼく》、石井光次郎《いしいみつじろう》、河野一郎《こうのいちろう》、石橋湛山《いしばしたんざん》、三木武夫・松村謙三をそれぞれ領袖《りょうしゅう》とする「八個師団」が形成され、買収を含む醜い多数派工作が展開された。立候補したのは岸、石橋、石井の3者で、結果としては、決選投票で岸（第一回投票では首位だった）を制した石橋が当選している。

ところが、1956年12月に就任した石橋首相は、それからひと月ほどで体調を大きく崩してしまう。その結果、首相臨時代理を務めていた岸外相が57年2月、首班として内閣を引き継ぐことになった。

戦前の帝国主義時代に「小日本主義」を主張するなど、自由主義的言論人として活躍した石橋は、戦後、第一次吉田内閣の蔵相に抜擢《ばってき》され、政界に入った。その後、石橋はGHQと折り合わず公職追放に処されたが、復帰後は自由党内反吉田派として存在感を示し、鳩山内閣では通産相を務めた。首相としての任期はごく短かったが、1957年度予算案として、「1千億円減税、1千億円施策」の積極策を打ち出し、高度成長期の予算の原型を作ったと評される。

他方、岸は戦前、満州《まんしゅう》国の建設に携わり、商工次官、東條英機《とうじょうひでき》内閣の商工相、軍需次官を歴任した超大物官僚政治家であった。敗戦後はA級戦犯容疑者として巣鴨《すがも》プリズンに投獄され、公職追放期間もあり、衆院議員となったのは1953年4月である。そこから4年足らずで、岸は首相にまで上り詰めたことになる。

岸内閣もまた、吉田路線からの転換を目標とした。ただし、憲法改正は、岸自身の宿願でもあったが、現実的に進めることは依然困難であった。1958年5月の衆院選では大きな議席の変動がなく、やはり自民党は改憲発議が可能な議席数に届かなかった。選挙後、岸は、吉田政権が残した防衛政策上のもう一つの課題、すなわち日米安保条約の改定に向けて注力するようになる。

### 経済計画と福祉国家

吉田時代の終わりは、経済・社会政策の分野にも転機をもたらした。吉田の自由主義的経済政策からの転換を目指した鳩山や岸が、それぞれ経済計画や社会保障政策の導入を試みたのである。

具体的には、鳩山内閣期の１９５５年7月に経済企画庁が設置され、保守合同後の同年12月に経済自立五ヵ年計画が閣議決定された。さらに、この計画を継承発展させ、岸内閣が57年に新長期経済計画を決定する。のちの国民所得倍増計画の原型である。

岸内閣はまた、社会保障の充実に向けた制度作りを進めている。１９５８年12月の国民健康保険法改正、59年4月の国民年金法制定がそれである。これらの制度は、60年代初頭に国民皆保険・皆年金が実現されるための基礎となった。

経済計画や社会保障は、改進党、民主党といった第二保守党、すなわち非吉田系保守政党の流れで重視されてきた政策である。改進党は「再軍備党」と呼ばれた一方、経済・社会政策面では立ち位置を「社会党の右まで」近づけることが目指された（『戦後と高度成長の終焉』）。その流れが、保守合同を経て、民主党から自民党へと継承された。自民党の綱領に、「経済の総合計画を策定実施し、民生の安定と福祉国家の完成を期する」と記されたのは、その象徴的な表れである。鳩山～岸政権期に見られる以上の積極的な動きは、結党初期の自民党において、第二保守党（旧民主党）系の影響力が優位にあった事情を反映したものと言える。

## 4　激化する保革対立

### 逆コース

１９５０年代の日本政治では「逆コース」、すなわち占領改革の成果を覆し、戦前体制に回帰しようとする運動が高まった。

占領改革を見直す動きは、主権回復以前からすでに始まっている。その下地として、米ソ対立激化に伴うＧＨＱの方針転換があったことはすでにふれた。１９５０年前後における、労働運動に対する規制強化やレッド・パージ、警察予備隊設置による実質的再軍備の開始などは、ＧＨＱの示唆や指令に基づいて採られた政策である。51年5月になると、ＧＨＱは、日本政府に占領下の諸法規を再検討する権限を認めるに至る。これを受け、吉田首相はただちに政令改正諮問委員会を設置し、占領改革の具体的見直しを進めた。そこでは、公職追放解除をはじめ、行政機構、教育制度、独占禁止法、労働法など多方面について検討が行われた。

反占領改革の動きは、独立達成を機に、保守陣営（保守的政治家、官僚など）の間で一層公然化することになる。焦点の一つは治安政策で、特に占領軍という絶対的権威が失われた主権回復直後、治安体制の整備は政府にとって急務となった。実際、占領が解除された3日後の1952年5月1日には、早くも「血のメーデー」として知られる大規模な暴動が起きている。これに対し政府は、占領解除により失効した団体等規制令に代え、7月に破壊活動防止法を成立させた。同月には、公安調査庁の設置、保安庁法（保安隊設置のための法律）の制定も行われている。また、治安維持機能の点で不安視されていた自治体警察制度についても、54年の法改正で廃止され、警察力の中央集権化が進められた。58年には、警察官職務執行法の改正により、警察官の取り締まり権限を強化しようとする政府の動きがあった。

地方行政一般に関しても、中央政府の統制を強める観点から、1952年8月、所管官庁である自治庁が設置されている。自治庁は60年7月に自治省へと昇格するが、その際には社会党から「内務省の復活」だと批判された。他の中央省庁も、機関委任事務（地方自治体の長に国の事務を事実上代行させる制度）を増やしたり、出先機関を各地に置くなどして、地方行政への関与を強めていった。

文教政策も、敗戦を機に抜本的な民主化改革が施されており、その分、保守派から見直しを強く求められた領域である。この分野では、1954年に公立学校教職員の政治的行為を制限する「教育二法」が制定され、56年には教育委員の選任について、公選制から自治体首長による任命制へと変更された。文部省はまた、公立学校教員の勤務評定を実施し、管理を強めようとした。58年には学習指導要領が法的拘束力を持つとされ、教科書検定基準に組み込まれるようになる。そしてこの年の学習指導要領改訂では、保守派の求めていた「道徳」教育の実施が決まった。

1950年代にはさらに、占領改革全体を否定する象徴的な動きとして、日本国憲法の全面改正論、あるいは「自主憲法」制定論が広がった。実態と条文との乖離《かいり》が目立つようになった9条の改正が論点となったのは当然であったが、それにとどまらず、主権回復を機に「押しつけ憲法」の全面廃棄を求める運動が高まったのである。54年には二大保守政党（自由党、改進党）がそれぞれ改憲草案を発表しているが、いずれも9条改正（軍隊保持の明記等）はもちろんのこと、天皇の元首化と国事行為の拡大、人権制限、国民義務の拡大、推薦による参院議員選出、知事公選制の廃止、改憲手続きの緩和など、まさに全面的な憲法見直しを主張している。

### 保守と革新

以上のような「保守」陣営の逆コース運動に抵抗して、占領改革を擁護し、またはさらに急進的な改革を求めたのが「革新」と呼ばれた陣営であった。保守勢力と革新勢力のイデオロギー対立は、しばしば略して「保革対立」と表現される。その本質は、以上の経緯に示されたように、体制選択と防衛政策をめぐる志向の対立であった。

国政政党では、主権回復後しばらくは保守勢力も革新勢力も複数に分かれ、同じ陣営内でも互いに競争していた。これが1955年の政党再編により、保守勢力は自民党に、革新勢力は社会党にそれぞれほぼ一本化されたことになる。

保革の各陣営は、国会内だけでなく、社会にも根を持っていた。自民党は、経済団体連合会（経団連、1946年8月発足）を中心とする財界から資金面で強力な支援を得ている。対して、社会党には労働組合が確固たる支援団体としてついていた。総評傘下の組合はそれぞれ組織内候補を出し、選挙では集票マシーンとして活動した。「自民党＝財界ブロック」対「社会党＝総評ブロック」という構図である。

1950年代における労使間の亀裂は、非常に深いものであった。総評の「基本綱領」には「労働階級の利害は、基本的に資本家階級と相対立する」とあり、対決姿勢を露わにしていた。これに対し、企業経営者側も、日本経営者団体連盟（日経連）を中心に、労働攻勢に正面から対峙した。日経連は、48年4月、「経営者よ正しく強かれ」とのスローガンの下に結成された、財界全体の労務担当機関である。50年代前半の代表的な争議としては、電産・炭労争議（52年9〜12月）や日産争議（53年5〜9月）が知られ、いずれも総評に支援された組合側と日経連の後押しを受けた経営者側の全面対決となった（結果はいずれも組合側の敗北とされる)。自民党と社会党の対立は、こうした社会における階級闘争が政治の世界に反映したものと見てよい。

もっとも、社会における保革の分断を、資本家階級と労働者階級の対立としてのみ理解するのは、やはり単純化しすぎである。自民党は集票面では、小規模自営商工業者や農民、すなわち旧中間層を基盤とした。対して1950年代の社会党は、(ブルーカラー労働者だけでなく)都市高学歴層あるいは比較的所得の高いホワイトカラー層(新中間層)から多くの票を得ていたことが知られる。

こうした新旧中間層の政治的志向の違いは、階級利益というよりむしろ、両集団の文化あるいは価値観の違いに基づくものとして理解できる。すなわち、1950年代までの旧中間層の自民党支持は、この層が元来強く持っていた保守的あるいは伝統主義的価値観による部分が大きいと考えられている。対して、新中間層が社会主義政党に傾斜した理由は、革命を求めたからでは無論なく、この時期の自民党の逆コース志向を嫌ったためと考えられる。都市高学歴層は、他の階層に比べ近代主義的価値観を強く持っており、自民党の伝統主義的イデオロギーに違和感を持ったのである。

保守陣営と革新陣営の対立は、岸内閣期に特に先鋭化した。前述の警職法改正案をめぐる争いが一例である。同法案は、来る安保改定に備えて警察力を強化しようと岸政権が195

8年秋の臨時国会で導入を試みたもので、逆コース政策の最たるものと見なされた。これに対し、「警察国家再現」を阻止するためとして、社会党は国会で乱闘し、総評もストライキを含む実力行使に訴えた。同法案は結局廃案となるのであるが、その過程で自民党内の反岸運動も盛り上がり、59年1月の総裁選では、岸の再選こそ決まったものの、反主流派の松村謙三に多くの票（吉田、鳩山、石橋元首相を含む）が集まることになった。

### 60年安保

さて、逆コース期に激化した保革対立の頂点が、岸政権下の1960年にやってくる。一つは、「60年安保」として知られる保革両陣営の衝突である。

1951年に吉田政権が結んだ日米安保条約（旧安保条約）は、米国による対日防衛義務が不明確である、日本の内乱に米軍が出動できるといった点で、日本にとって不平等性が強く、対米従属的だと批判されてきた。この条約を、より対等な内容に改定しようというのが、岸首相の狙いであった。

岸の動きは迅速で、首相就任まもない1957年6月に自ら訪米し、安保条約の見直しを申し入れている。その後、58年5月の衆院選を乗り切った岸は、この課題に本格的に取り組み、自民党内の取りまとめに手を焼きつつも、60年1月に新条約調印にこぎつけた。新安保条約では、米国の対日防衛義務が明記され、内乱に関する条項は削除されるなど、おおむね日本政府の要望に沿う形となった。

この間、１９５９年６月に参院選が行われているが、安保改定問題に対する国民の関心は低く、投票率は歴代最低の58・８％であった。結果は71議席を得た自民党の大勝で、対する社会党は38議席、共産党は１議席獲得にとどまっている。

安保新条約調印式の岸信介（前列左から2番目）とアイゼンハワー（その右）（1960年1月、時事）

この選挙で、社会党は安保条約の「改悪」反対を掲げていた。社会党からすれば、安保条約の存在そのものが憲法違反であり、その改定を肯定できるはずはなかった。選挙後、社会党の浅沼稲次郎書記長は、「参院の議席の三分の一を確保する見通しがついたことは憲法改正の論議をできなくしたことで大きな意義がある」と「二重の基準線」に従って非敗北声明を出した一方、自党の「伸び悩み」を率直に認めている（朝日新聞１９５９年６月３日付）。この選挙結果から、岸首相が安保改定実現に自信を持ったのは当然であったろう。

ところが、１９６０年２月に始まった新条約批准をめぐる国会審議は、岸の思惑通り円滑には進まなかった。社会党は条約の細部にわたって政府を追及し、物理的抵抗を含む徹底抗戦を実施した。その結果、審議は会期末までもつれこみ、5月19日、会期延長および新条約・新協定・関係法案をめぐって衆院本会議で強行採決がなされることになった。その際、自民党出身の清瀬一郎《きよせいちろう》議長は警官隊500名を院内に入れ、座り込みで抵抗していた社会党議員や秘書団を実力で排除している。採決では野党議員が欠席し、与党からも三木武夫、河野一郎ら26名が欠席または途中退場した。

こうして衆議院を通過した結果、新条約は憲法規定により30日後には自然承認されることになった。しかし強引な進め方をした代償として、マスコミの論調は政権に不利な方向に傾き、大衆による反対運動がその後、噴出するようになる。国会周辺には連日、大群衆が押し寄せ、6月15日には学生団体が国会構内への突入を試みた結果、女子学生が死亡する事故が起きている。

この間、岸首相は自衛隊による暴動鎮圧を真剣に検討したことが知られる。保革両陣営の暴力の応酬を懸念した新聞各社は、6月17日、「暴力を排し議会主義を守れ」という共同宣言を発した。事態はもはや、議会制民主主義の存続そのものが危ぶまれる段階に至っていた。

騒然たる雰囲気の中、新安保条約は6月19日午前零時、自然承認となった。「安保改定が実現されれば、たとえ殺されてもかまわないと腹を決めていた」(『岸信介回顧録』)という岸首相は、批准書交換がなされた23日、辞意を表明した。

### 三池争議

国会が安保問題で揺れていたころ、九州北部でもう一つ、保革両陣営のきわめて深刻な衝突が起きていた。「三池《みいけ》闘争」として知られる労働争議である。

三井三池炭鉱では、経営状況の悪化を受けて、１９５９年に大規模な人員整理が計画された。これに対して同年末に、炭鉱の労組が無期限ストに入って抵抗したところ、会社側もロックアウト（労務提供の拒否）で対抗し、泥沼の全面対決に突入した。

この争議に対し、総評がストの全面的支援に入った。三池に送り込まれた外部の労働者の数はのべ30万人に達し、活動資金（労働者へのカンパなど）として20億円以上が使われたという。労働者たちはピケを張り、「スト破り」の動きには暴力的な妨害を加えた。さらに、抗議運動の矛先は所轄警察署にまで及んで、ほとんど内乱の様相を呈するようになる。

これに対して経営側も、財界の総力をもって対処に当たった。経団連や日経連は積極的に争議に介入し、大手銀行は資金面から会社の支援に回った。大企業経営者たちは、三池争議が他の企業にまで波及することを恐れていた。会社側は、警官隊のほか、右翼活動家や暴力団まで動員して物理的に争議を抑え込もうとし、そのぶつかり合いの中で組合員に死者も出ている。警察側の動員数はのべ50万人に達したとされる。「総資本対総労働のたたかい」と呼ばれた三池争議は、最終的に1960年11月にストが解除され、組合側の敗北という形で終わる。しかし、安保闘争と並行していたこともあって、三池闘争は社会秩序と保守党支配を揺るがす重大な挑戦と捉えられた。

## 戦後憲法体制の成立

1960年における抗議運動の噴出は、保守的な統治エリートに大きな教訓を与えた。統治の安定化を図るためには、革新陣営と妥協してイデオロギー対立を緩和すること、すなわち占領改革の（少なくとも当面の）受け入れが必要との認識が強まるのである。次章で詳述するように、岸内閣退陣以降、政権主流派による逆コース運動は下火になっていく。このことは、言い換えれば、50年代までに形成された諸制度が、戦後政治という「ゲームのルール」として固定化していくことを意味する。

この制度的枠組みを、筆者は「戦後憲法体制」と呼んでいる。戦後憲法体制は、GHQの当初の改革方針（徹底した非軍事化と民主化）がそのまま具現化した体制ではない。GHQ自体が占領後期には変質したし、主権回復後は日本の統治エリートが主体的に占領改革の成果を否定する動きに出た。結果、実質的な再軍備が行われ、労働運動の規制が強化され、行政の中央集権化も進められた。

しかし、それでもなお戦後憲法体制は、戦前の体制と制度的にまったく異なっている。逆コース運動は強力であったが、警職法改正失敗に見られるように、すべてのケースで保守派エリートの意向が実現したわけではなかった。それに何より重要なこととして、国家の基本法たる日本国憲法が1960年代以降にもそのまま残った。象徴天皇制や「ゆきすぎた」人権規定は、しばしば修正論の俎上《そじょう》に載せられたものの、維持された。このことは、戦後日本が自由民主主義体制であることを保障した。

憲法9条もまた、逆コース期をなんとか生き延びた。もっとも、同条については、その精神に反する政策が政府によって推し進められ、かつ明文改憲が実現しなかったことで、現実の防衛政策との整合性が問われ続けることになる。戦後憲法体制は、最初から「憲法問題」という重大な保革対立争点を内包しており、その意味でも以後の政治を規定し続けるのである。

# 第2章　55年体制Ⅰ——高度成長期の政治

本章および次章のテーマは「55年体制」である。この概念は通例、自民党が結成された1955年から同党がいったん下野する93年までの政治を指して使われるが、本章と次章で扱う期間は60年代から80年代までと、少し短い。本書がこの期間を特に前後から区別するのは、この時期に55年体制の真に55年体制的な特徴がよく表れていると見るからである。その特徴とは、野党の多党化、根強くも形骸化《けいがいか》した保革イデオロギー対立、利益政治の全面化といったものである。筆者は、60～80年代の政治を「実質的意味の55年体制」と呼び、55～93年の期間を指す「形式的意味の55年体制」と区別している。

1960年代以降と異なり、50年代後半では野党勢力は社会党にほぼ一本化されており、与野党間のイデオロギー対立は激烈で、政権党による支持集団（農家など）への補助金等の分配はまだ抑制的であった。他方90年代には、（利益政治に伴う）政治腐敗、（野党の断片化を一因とする）政権交代の欠如といった55年体制の弊害に社会の厳しい目が向けられるようになり、保革イデオロギー対立ではなく、体制改革をめぐる保守勢力内部の対立が激化する。以上の意味で、60～80年代の日本政治は、その前後の時期と性格を異にするのである。「実質的意味の55年体制」もまた、決して時間的に短くはない。本章では、その前期にあたる1960年代から70年代前半まで、すなわち高度成長期の政治について見ていく。

## 1　安定と成長

### 保守政治の転換

前章末で見た1960年の安保騒動は、戦後政治の方向を大きく転回させることになった。この騒動は、保守勢力側において自民党主流派の人脈的な交代と政策的な路線転換を、革新勢力側では社会党の再分裂をもたらしたのである。まずは、自民党の変化について見ていこう。

岸信介首相の退陣表明後、自民党では総裁選が行われることになった。立候補者は池田勇人、石井光次郎、藤山愛一郎《ふじやまあいいちろう》の3名で、有力であった池田と石井は、それぞれ党内の「官僚派」（池田派、佐藤派、岸派）と「党人派」（石井派、大野派、河野派、三木・松村派、石橋派）の支持を得ている。結果は、第一回投票で池田、石井、藤山の順となり、上位2名の決選投票を制した池田が4代目総裁に選ばれた。

池田は占領初期に大蔵次官を務め、吉田茂が民自党から1949年衆院選で多数当選させた高級官僚組の一人である。50年代を通して通産相や蔵相を歴任し、「吉田学校の優等生」と称された。吉田内閣退陣（54年）後、政権中枢は鳩山一郎や岸といった第二保守党（旧民主党）系に握られてきたが、ここに至って、旧自由党系あるいは吉田系の人脈に戻った形である。

池田勇人（1962年11月、読売新聞社）

1960年7月に首相となった池田は、保守政権のイメージ転換を積極的に打ち出した。岸の採った保革対立路線を改め、「寛容と忍耐」をモットーに、「低姿勢」で政権運営に臨むというのである。憲法改正については、10月の施政方針演説で「相当の年月を経て国民世論が自然に一つの方向に向かって成熟した際に、初めて結論を下すべき」と述べ、事実上この問題を棚上げする意向を示した。こうした保守政権の妥協的姿勢は、ニュー・ライト路線と呼ばれることもある。

池田個人は紛れもなく保守的価値観の持ち主であったし、本来は穏やかな人柄でもなく、過去の言動（蔵相時代の「貧乏人は麦を食え」として伝えられた発言など）からむしろ横柄との評判さえあった。しかし池田は、政権を担うにあたり、大平正芳《おおひらまさよし》、宮澤喜一ら側近の助言に従い、意識的にイメージ転換を図った。首相在任中、好きだったゴルフや芸者遊びを自粛したのも、そうしたアピールの一環であった。

さて、施政方針演説を終えた池田は衆議院を解散し、11月に総選挙が実施された。結果は、自民党が296議席獲得と選挙前より伸ばし、政権にとって上々の成績であった。大平官房長官は、この結果を、「池田自民党内閣の対外および国内の政策が国民から安定した支持を得ていることの現われ」と解釈した（朝日新聞1960年11月22日付）。

自民党総裁が変わったからといって、与野党の政策的距離が近づいたわけではない。治安政策や防衛政策といった分野では、あいかわらず保革二大政党は国会で厳しく対立した。例えば1961年には政治的暴力行為防止法案（当時、続発していた政治テロの抑止を目的とした法案）が上程されたが、社会党は「正当なデモ行為の抑圧に乱用されるおそれがある」とし、激しく抵抗した（朝日新聞1961年5月5日付）。この法案は結局、不成立に終わるが、衆議院では首相の指示で強行採決まで行われている。

だが総じて見れば、池田政権は、イデオロギー色の濃い争点について、自民党の意向を無理押しせず、革新陣営を強く刺激することは避ける傾向が強かった。そうした争点の好例として、ＩＬＯ（国際労働機関）87号条約の批准問題を挙げることができる。同条約は労働者の結社の自由と団結権の保護を求めるもので、外圧にさらされた政府は批准を検討していた。しかし、自民党内には、条約批准と抱き合わせる形で公務員の人事管理を強化すべきとの主張が強く、社会党や総評と対立した。池田内閣は１９６１、63、64年の国会にＩＬＯ関連法案を提出したが、結局いずれも無理押しはせず、審議未了に終わらせている。官公労働者の労働権をめぐる問題は、占領期に政令２０１号が発令されて以来、保革対立の焦点となっており、池田政権の弱腰姿勢は与党内に不満を残すことになる。

自民党の党是たる憲法改正についても、党内右派議員からの突き上げをよそに、池田首相は在任中を通して棚上げの方針を貫いた。池田は、「改正を急げば内乱になりかねない」と考えていたという（『池田勇人』）。

## 所得倍増

逆コース的イメージからの脱却を図る池田政権が、国民にアピールしようとしたのは経済政策であった。その象徴こそ、１９６０年12月に閣議決定された国民所得倍増計画である。このキャッチーな名称の計画を大々的に打ち出した政治的な狙いは、明らかに、国民の意識を好調な（そして好調が続くと予想された）経済に向けさせることにあった。池田は、「安保騒動で暗くなった人心を所得倍増で明るくきりかえてしまう、これがチェンジ・オヴ・ペースであり、本当の人心一新だ」（『池田勇人その生と死』）と考えていた。

経済成長の具体的方策として、池田政権は減税や工業化のための産業基盤整備を推進した。太平洋ベルト地帯の重化学工業化が進められた一方、全国総合開発計画（一全総、１９６２年10月閣議決定）や新産業都市建設促進法（62年5月制定）に基づき、開発地域は広げられていく。新産業都市には、全国自治体による「史上最大の陳情合戦」を経て、最終的に15都市が選定された。

こうした政策がどれだけ寄与したかはともかく、事実として景気は拡大した。「岩戸景気」（１９５８年7月〜61年12月）と「オリンピック景気」（62年11月〜64年10月）により、国民所得は政府の計画以上のスピードで急上昇していった。64年4月には、日本は「先進国クラブ」の異名を持つＯＥＣＤ（経済協力開発機構）にも加盟した。同年秋に開催された東京オリンピックは、日本の復興を内外に知らしめる象徴的イベントとなった。

他方で池田政権は、経済成長から取り残されつつあった農村住民の利益にも気を配った。

１９６１年から施行された農業基本法は、「農業従事者が所得を増大して他産業従事者と均衡する生活を営むこと」（第一条）を目標に掲げており、その後の保護農政の根拠法となる。具体的には、食糧管理制度の下、コメの政府買取価格（生産者米価）を毎年、大幅に上昇させることで、政権は農家の所得維持・向上に努めた。その結果、50年代に広がっていた勤労者世帯と農家の所得・消費格差は、60年代に入って縮小に向かっている。こうした政策的配慮の結果として、農村における自民党支配は盤石《ばんじゃく》のものとなっていく。

この間、池田内閣に対する国民の支持は安定しており、１９６２年７月の参院選では自民党は改選議席を69得て、議席総数を増やすことに成功している。63年11月の衆院選でも自民党は２８３議席獲得と、選挙前の勢力をほぼ維持した。池田自民党が好調を持続できた背景として、政権の「低姿勢」路線の継続に加え、空前の好景気があったことは疑いない。福田《ふくだ》赳夫《たけお》の言葉を借りれば、世は「昭和元禄《げんろく》」の浮かれた時代に入りつつあった。

### 党内抗争と党近代化運動

自民党内の権力争いに目を移そう。池田は１９６１年７月の人事で、河野一郎、三木武夫、大野伴睦ら党人派領袖を要職に就けて取り込み、「実力者内閣」を組織した。しかしその後、政権が長期化するに伴い、反池田の動きが活発になってくる。党内抗争の焦点はもちろんポスト配分や次期総裁の座の行方にあったが、同時に、党の運動方針や池田内閣の政策路線も火種となった。

池田への対決姿勢をとりわけ強く示したのが、岸の愛弟子・福田であった。福田は大蔵省OBで池田の後輩にあたるが、政権の経済政策に批判的であった。池田政権の積極的な景気拡大策が、国際収支の赤字拡大と設備投資の過剰をもたらしている点に福田は懸念を抱き、持続可能な、抑制的な経済成長を目指すべきとした「安定成長論」を唱えた。

また福田は、自民党組織のあり方にも批判的で、1962年に党風刷新懇話会（のち党風刷新連盟と改称）を立ち上げ、派閥解消など「党近代化」を池田に迫った。同年7月には総裁選があり、池田の無競争再選となったが、懇話会メンバーからと見られる白票・無効票が大量に出ている。

こうした動きに対し、執行部は、（やはり党近代化論者として知られた）三木を会長とする調査会をあえて発足させ、党組織改革案を検討させることで、反池田運動の大義名分を奪おうとした。三木調査会は1963年10月に派閥解消などを提言する答申を提出し、これを受けて党風刷新連盟は解散することになる。ところが、三木答申に対する池田ら主流派の受け取り方は冷淡で、各派はいったん偽装的に解散したものの、翌年の総裁選までに公然と復活している。

池田にとって、党内でもう一つ気がかりだったのは、「吉田学校」出身のライバル（そして旧制高校以来の旧友であった）佐藤栄作の動向であった。佐藤は次期総裁の本命と目され、党内で池田の「低姿勢」路線への不満の受け皿になっていた。佐藤は経済政策についても、池田政権の成長一辺倒に対し、佐藤は、都市の住環境悪化など経済発展がもたらすひずみを是正する「社会開発」の必要性を唱えて対抗した。

1964年7月の総裁選では、ついに佐藤が池田に挑戦し、敗れはしたものの接戦を演じた（第一回投票で佐藤がもう数票積み増して決選投票に持ち込めていれば勝利が見込めた）。なお、自民党総裁選では、56年（石橋総裁選出）も60年（池田総裁選出）もそうであったように、投票権を持つ国会議員や地方代議員に対し、醜い買収合戦が繰り広げられ、これが党近代化運動の正当性を高める一因となっていた。64年の総裁選でも各陣営による買収工作は熾烈《しれつ》をきわめ、「ニッカ・サントリー・オールドパー」（それぞれ、2派、3派、あらゆる派からカネを受け取ること）なる隠語まで生まれている。

### 池田から佐藤へ

こうして3選された池田であったが、その任期を全うすることは叶わなかった。すでに病に侵されていた首相は体調を崩し、東京オリンピックの閉幕を見届けたのち、1964年10

月下旬に退陣の意思を表した。

　後継の総理総裁には、佐藤栄作のほか、河野、藤山が候補に挙がったが、最終的に、池田の裁定で佐藤が選ばれた。河野は戦前からの党人派議員で、戦後、農相、建設相などを歴任した実力者であったが、総理の座にはついに届かなかった。失意の河野はこの翌年に急死し、彼の派閥の大勢は中曽根康弘《なかそねやすひろ》に引き継がれることになる。なお、党人派のもう一人の大物・大野伴睦も1964年に亡くなっており、池田の死（65年）も合わせて、自民党リーダーの世代交代が進む形となった。

　佐藤内閣は1964年11月に発足した。佐藤は01年に岸の実弟として生まれ、兄と同様、東京帝大から官界へと進んだ。戦後、運輸次官を務め、池田と同じく、吉田首相に見いだされて政界入りした。佐藤の首相就任は、吉田（旧自由党）系人脈による政権の継続を意味している。また、池田から政権を禅譲された佐藤は、内閣の布陣も前政権からほぼそのまま引き継いでスタートした。所信表明演説で示された政権のモットーは「寛容と調和」で、これも前政権からの連続性を意識したものであった。

　他方で、兄の岸と歩調を合わせてきた佐藤は、先にもふれたように、池田とはしばしば異なる政治的立場を採った。実際、佐藤首相が最初の国会で推し進めたのは、ＩＬＯ条約批准・関連法案や農地報償法案（農地改革で土地を失った旧地主層への補償）といった、前政権の積み残し問題の処理であった。これらの案件では、やはり社会党の激しい反発があったが、佐藤は「高姿勢」で強行可決させている。

１９６５年６月の人事で、佐藤は実質的に初めて自前の内閣を組織したが、ここでも池田政権からの転換が印象づけられた。象徴的なのは、池田の政敵であった福田の蔵相就任である。折しもオリンピック後の不況下であったが、福田は戦後初の公債発行に踏み切るなど景気刺激策を打ち、戦後最長となる「いざなぎ景気」へ道をつける役割を果たす。またこの人事では、のちに福田のライバルとなる田中角栄《たなかかくえい》（佐藤派）が党幹事長に起用されたのが目を引く。

新体制で迎えた10月からの臨時国会では、日韓基本条約の批准をめぐり、政府与党は再び社会党と激突した。日韓国交正常化は１９５０年代初頭から続く両国間の懸案であったが、65年6月にようやく条約の調印にこぎつけていた。ところが、北朝鮮との関係を重視する社会党は、韓国を「朝鮮にある唯一の合法的な政府」と規定する条約の批准に強く反対した。社会党は牛歩戦術で必死の抵抗を見せたが、最終的に批准承認案は衆参両院で強行可決された。

この間、1965年7月には、佐藤政権にとって初の国政選挙となる参院選が実施されている。結果、自民党は改選数を下回る71議席を得るにとどまり、不調であった。特に、首都の東京都選挙区で自民党が惨敗し、初めて当選者なしに終わった点が注目された。

東京都での敗北は、参院選前に露見した都議会自民党の汚職問題が影響したものと見られたが、さらに1966年の後半になると、自民党国会議員や閣僚が絡む不祥事が次々と明るみに出て、佐藤政権の前途を暗くした。田中彰治《しょうじ》代議士による恐喝・詐欺事件、荒舩清十郎《あらふねせいじゅうろう》運輸相が地元駅を急行停車駅に指定させた問題、上林山栄吉《かんばやしやまえいきち》防衛庁長官の公私混同問題など、一連のスキャンダルは総称して「黒い霧事件」と呼ばれた。これら不祥事によって内閣支持率は急速に落ち込み、政権末期の様相を呈した。

こうした政情の中、1966年12月に自民党で総裁選が行われたが、比肩できる実力者が党内になかったこともあり、佐藤は289票を得て再選された（2位の藤山は89票獲得、ほか多くの無効票）。その後の人事では、一連の不祥事の責任を取らせる形で幹事長の田中が更迭《こうてつ》され、福田に置き換えられている。閣僚も全ポストで交代となり、政権イメージの一新が図られた。

この新たな布陣の下で、首相は衆議院の解散に踏み切った。1967年1月に行われた総選挙で、案の定、自民党は苦戦を強いられる。同党の獲得議席数は２７７と前回より減らし、得票率も落ち込んだ。ただ、選挙前の大方の予想ほど酷い結果ではなかったため、与党内にはむしろ安堵感が広がった。

衆院選を乗り切った佐藤は、ようやく政権の長期化に道筋をつけた。この時期になると、佐藤政権も、革新陣営をなるべく刺激しないよう、慎重な姿勢が目立つようになった。日米安保条約の延長手続きが１９７０年に控えており、政権はこれを平穏に進めたいと考えていた。68年２月、「こんなバカな憲法をもっている日本は、アメリカのメカケのようなもの」と述べた倉石《くらいし》忠雄《ただお》農相を辞任させ、早期の火消しを図ったのも、そうした首相の慎重姿勢の表れであったろう。この年の７月には参院選が行われたが、自民党は選挙前の議席数をほぼ維持し、無難に切り抜けている。

### 沖縄問題と「70年安保」

佐藤内閣の最大の外交課題は、沖縄返還交渉の妥結であった。佐藤は、１９６４年総裁選の時点から沖縄問題に対する池田政権の無為を批判しており、元来この問題への関心が高かった。65年８月には、佐藤は、戦後の首相として初めて現地を訪問し、「沖縄の祖国復帰が実現しない限り、わが国にとって戦後が終わっていない」と述べている。

対米交渉が本格的に進展するのは、第二次内閣になってからである。1967年11月、佐藤は訪米してジョンソン大統領と会談を行い、共同声明において「両三年内」に返還時期を合意すべきと強調した。この声明ではまた、小笠原諸島について早期返還が合意された。小笠原返還が実現したのは68年6月のことである。

沖縄問題に関して焦点となったのは、米軍の核兵器の扱いについてであった。佐藤首相は1968年1月、国会で、「核兵器の開発、これは行なわない。また核兵器の持ち込み、これも許さない。また、これを保持しない。いわゆる非核三原則」が日本の政策であると表明していた。他方で、沖縄返還交渉に際して、米国政府が核兵器の配備に関する条件を受け入れるかは不透明であったため、佐藤は難しい立場に置かれた。

1968年11月には自民党総裁選が行われ、ここでも沖縄返還の方式が争点となった。返還方式の明言を避けていた佐藤に対し、三木と前尾繁三郎《まえおしげさぶろう》（旧池田派・宏池会《こうちかい》領袖）が「核抜き本土並み」返還を主張して挑戦したが、結果としては佐藤が第一回投票で過半数の票を取り、3選を決めている。ここで「本土並み」とは、沖縄における米軍基地の使用のあり方を本土と同様にする（基地を戦闘行動に利用する、あるいは核兵器を持ち込む際には事前に日本政府と協議を行う）という意味である。

その後、慎重であった佐藤も結局、党内外の論調に押され、「核抜き本土並み」を前提に交渉に臨むと明言するようになった。案の定、対米交渉は一筋縄で進まなかったが、最終的に1969年11月、佐藤自身が訪米してニクソン大統領との会談に臨み、ついに返還交渉をまとめ上げた。「核抜き本土並み」の条件で72年に沖縄の施政権を返還するという、佐藤によれば「満点以上」の内容であった（『佐藤榮作日記』。もっとも、このとき、有事の際の核兵器持ち込みに関する密約が交わされていたことが後年確認されている）。

対米交渉の成果を土産に帰国した佐藤は、すぐさま衆議院を解散した。12月に行われた総選挙では、自民党の得票数は前回（1967年）より伸びたわけではなかったが、社会党への投票が大幅に減少したことで（後述）、与党は288議席を得、首相の思惑通りの結果となった。

佐藤栄作（左）とニクソン
（1969年11月、時事通信フォト）

1970年6月には、大衆による大きな反対運動もないまま、日米安保条約が自動延長に入った。政府与党の懸念した「60年安保の再来」はなかった。折しも、大阪では万国博覧会が開かれており、連日、大量の来場者で賑《にぎ》わっていた。

### 佐藤長期政権の終わり

1970年10月の自民党総裁選では、佐藤が対抗馬の三木に圧倒的な票差をつけて4選を決めた。前回の総裁選で最下位に沈み、今回は佐藤に挑戦さえしなかった前尾は、宏池会内で求心力を失い、翌年に派閥領袖の座を大平正芳に譲ることになる。佐藤の自民党内での立場はなお強固であった。

しかし、沖縄返還合意という大業を成し遂げた佐藤政権は、主権回復後の吉田政権もそうであったように、有権者から飽きられ、支持を失っていく。1971年6月の参院選では、特に不利な材料があったわけでもなかったが、自民党は63議席しか得られず（前回69）、絶対得票率で見ても結党以来最低の水準となった。

また1970年代に入り、佐藤政権は、様々な問題で米国の動向に振り回されることになる。沖縄返還を目前にして、日米間の大きな懸案となったのが、貿易摩擦問題であった。米国政府が日本に対し、繊維製品の輸出を規制するよう強く求めてきた問題で、当然ながら日本の繊維業界は猛反発していた。ニクソン政権は、沖縄返還交渉の際に、繊維問題での日本側の譲歩が約束されていたと理解し、返還協定の批准を人質に取りつつ、強い圧力を加えてきた。国内業界の反発との板挟みになった佐藤は苦しみ、大平や宮澤喜一を通産相として対応に当たらせたが、事態を打開できなかった。

1971年夏には、二つのニクソン・ショックが佐藤政権を揺るがす。第一のショックは、7月のニクソン大統領による訪中の発表である。米国が中国との関係改善に向けて動き出した、外交政策の大転換であった。この米中接近は、日本を「蚊帳《かや》の外」に置いて進められたもので、政府に衝撃を与えた。第二のショックは8月に発表された、米ドルの金との交換停止、10％の輸入課徴金設定などの新経済政策である。日本は戦後長らく1ドル360円の固定為替レートの下で輸出を伸ばしてきたが、ニクソン・ショックは変動相場制への移行をもたらし、この好条件が失われる事態となった。

こうしたニクソン政権の「頭越し外交」の背景には、繊維問題における佐藤政権への不信が背景にあったと見られる。1971年7月に通産相に就いた田中角栄はこの問題の解決を急ぎ、繊維業者に十分な補償金を与える措置を取ったうえで、翌年1月、米側の要求を容れた繊維協定の調印にこぎつけた。これにより、沖縄返還協定も米国議会で無事に批准されたが、佐藤政権は「糸で縄を買った」と国内で揶揄されることになる。

この間、1971年10月からの「沖縄国会」では、返還協定批准をめぐり、与野党が激しく対立している。社会党など野党は、「核抜き本土並み」条件がなお保証されていないと見て、政府に再交渉を要求し、国会審議の引き延ばしを図った。返還協定が最終的に国会で承認されたのは、12月下旬のことである。

こうして1972年5月15日、ついに沖縄の祖国復帰が果たされた。これを見届け、6月、佐藤は政界からの引退を表明する。会見会場では、「偏向的新聞は大きらいだ」と怒り出し、記者団と争いになった挙句、首相が一人でテレビカメラに語ることになった。やや後味の悪い長期政権の幕切れであった。

## 保守本流の政治

首相個人は必ずしも人気でなかったにもかかわらず、佐藤政権は7年8ヵ月の長きにわたって続いた。それを可能にした最大の要因は、高度経済成長の持続であったろう。1965年11月から70年7月まで続いた「いざなぎ景気」において、日本の経済成長率は年平均10%を上回るほどであった。こうした中、平均的な有権者が（環境悪化など高度成長の負の側面に不満を持ったにせよ）政権の交代を望まなかったのは驚くべきことではない。

また、「高姿勢」「タカ派」といったイメージの付きまとった佐藤が、実際には全体として慎重な姿勢で政権運営に臨んだ点も見逃せない。象徴的なのは、憲法問題の扱いである。佐藤首相は、池田と同様、政権発足早々に改憲は考えていないと明言し、実際に長い任期中を通して、この問題に積極的に取り組もうとはしなかった。この点で、やはり佐藤は池田と同じく戦後派政治家であり、吉田茂の直系であった。

かくて、池田・佐藤は、その意図的な政権運営によって国内の政治的安定を保ち、1950年代に形成された戦後憲法体制を固定化させる役割を果たした。この二つの政権によって定着した、吉田あるいは旧自由党の流れを汲む自民党政権の路線を、しばしば「保守本流」と呼ぶ。保守本流の政治とは、政策的には、いわゆる「吉田ドクトリン」（永井《ながい》陽之助《ようのすけ》）、すなわち経済中心主義、軽武装、日米安保基軸を旨とする。憲法問題を未決のままに置くことで、当面の政治的安定を優先する立場とも言えよう。

自民党の派閥のうち、特に宏池会（池田派→前尾派→大平派→鈴木派→宮澤派）は保守本流を自認した。しかし、他の派閥の領袖たちも——しばしば「傍流」に位置づけられた三木や中曽根も——政権を担った際には、（レトリックはともかく）池田・佐藤路線を実質的に転換することはなかった。要するに、保守本流の政治は、55年体制期を通して自民党政権の基本路線となったのである。

なお、このように自民党内で外交・安保政策面の合意が形成された重要な契機として、岸政権による安保改定があったことを指摘しておくべきだろう。対米従属的だとして吉田路線に批判的であった第二保守党系のリーダーの手で新安保条約が締結された——つまりは日米同盟と軽武装路線の永続化が決まった——ことで、対米関係や「自主防衛」のあり方をめぐる意見の対立が、党内でかなりの程度緩和されたのである。この点は、以下に述べる、社会党における安保改定問題の影響ときわめて対照的である。

## 2　高度成長期の革新運動

### 社会党の再分裂

池田内閣以降、安定軌道に乗った自民党政権とは対照的に、社会党は苦しい時代に入った。最初の大きな躓《つまず》きは、党の再分裂であった。

前史として、1950年代末の各種選挙における、社会党の伸び悩みがあった。そこで同党では再建論争が持ち上がり、運動方針をめぐる左右両派の争いは、右派リーダー・西尾末広の除名問題にまで発展した。折しも安保改定が争点となっていた時期で、「改定阻止一本」の左派と安保条約に代わる国防体制の確立を求める右派との間で亀裂が深まっていたが、59年9月の党大会に至って、西尾が開き直って再軍備賛成論を唱えるなど、抜き差しならない事態となった。結局、同年末、西尾を含む国会議員33名は党を割って出ることになる。社会党は55年10月の統一から4年ほどで再分裂した形だが、そのきっかけは51年の左右分裂時と同様、外交・安保問題の争点化にあった。

分裂後、社会党では左派の鈴木茂三郎委員長が退任し、1960年3月の臨時党大会で浅沼稲次郎委員長、江田三郎《えださぶろう》書記長が選出されている。もともと党内右派に属してきた浅沼は、前年に中国で「米帝国主義は日中共同の敵」とする演説を行うなど、この時期には左旋回しており、鈴木派など左派の支持を得ていた。

他方の西尾は1960年1月、衆院議員38名、参院議員16名を擁する民主社会党（以下、民社党。正式には70年に党名変更）を出発させた。結党に際し、西尾は、「革新政党の本流をめざし、すくなくとも5年以内に民主社会党政権を樹立することを誓う」と述べている。

以上の結成の経緯からも分かる通り、民社党は（革新政党を自称したとはいえ）社会党に比べ、常に中道的あるいは右寄りの立場を採った。すなわち、同党の目標は、「左右のイデオロギーにもとづいた独裁を排除し（中略）議会制民主主義をまもり、漸進的に社会主義を実現する」（結党宣言）ことにある。外交・安保政策においても、「民主陣営の一員としてみずから国を守るため最小限の措置を必要とする」（綱領）とし、事実上、自民党政権に近い立場を明らかにしている。前述の日韓基本条約批准をめぐる国会の採決でも、民社党は自民党とともに賛成に回っている。

こうして出発した民社党であったが、結党後最初の国政選挙である1960年11月の衆院選では、17議席しか得られず惨敗した。10月に浅沼委員長が右翼の少年に刺殺される事件があり、社会党に同情票が集まったことが、民社党敗北の一因になったとされる。これ以降も、同党は「政権を樹立」できるような大勢力にはついにならなかったが、60年代後半には衆議院で30議席程度の規模に落ち着き、一定の存在感を持つ政党として定着した。

## 多党化

１９６０年代には、民社党のほか、公明党と共産党が地方・中央政界で一定の勢力を持つようになった。野党陣営における多党化の進展である（図2－1）。

公明党は、新興宗教団体の創価学会が母体となって結成された政党である。創価学会は、高度成長期の１９５０年代後半から60年代にかけて、農村から都市へ大量流入した若年労働者層に浸透し、爆発的に信者数を増やしていた。創価学会は50年代半ばから政界にも進出し、当初は教団が直接候補者を立てていたが、64年に独立した政治団体として公明党を発足させた。同党は67年に初めて衆院選に候補者を立てて25議席を獲得し、69年衆院選では47議席を得て、一気に主要政党の一角を占めるようになった。

公明党は当初、「王仏冥合《おうぶつみょうごう》」「仏法民主主義」を理念に掲げるなど、宗教的側面を色濃く持っていた。しかし１９６９年から70年にかけて、創価学会と公明党が、自分たちへの批判を含む書物の出版・流通を阻止するため、出版社や書店に圧力をかけたという問題（言論出版妨害事件）が発覚し、その「政教一致」の関係性に対する批判が国会内外で高まるように

**図2-1　各党衆院議席占有率の推移（55年体制期）**

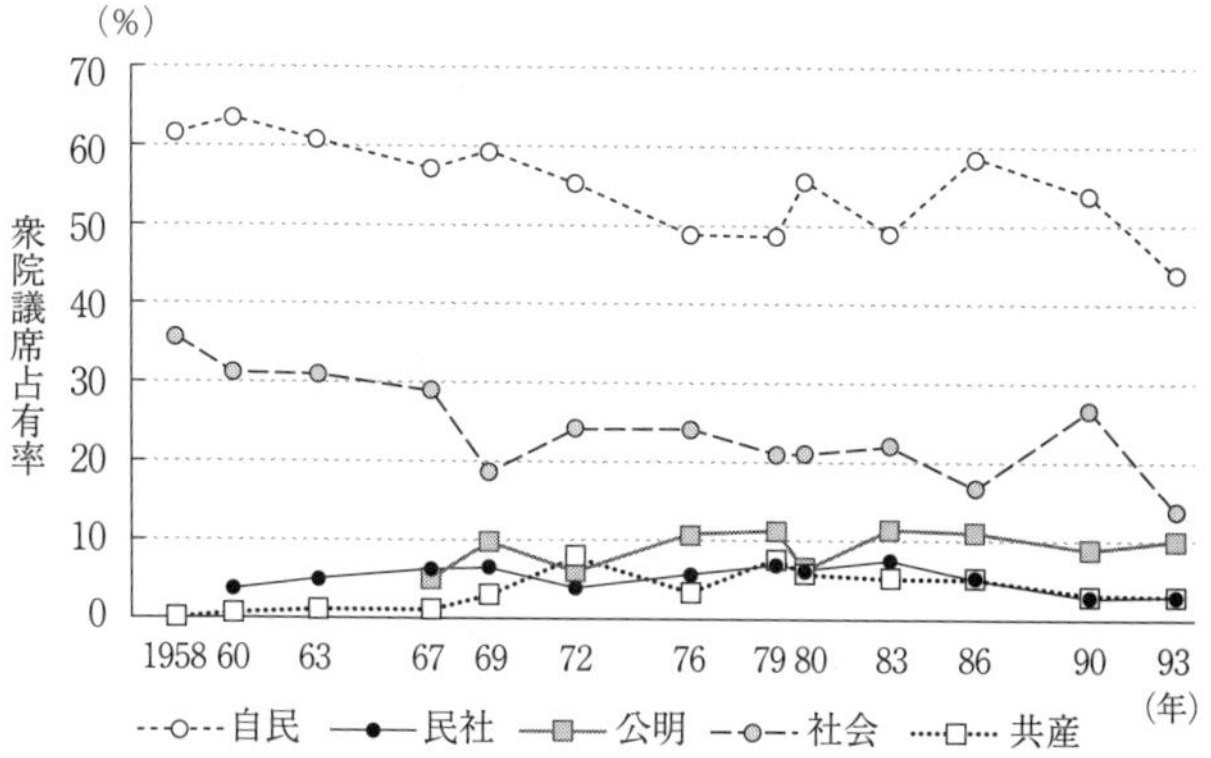


出典：石川真澄・山口二郎『戦後政治史 第四版』等をもとに筆者作成

なる。これを受けて、創価学会は教団と政党の組織をより明確に分離する方針を示し、公明党は宗教色を排した新綱領を採択することになった。

他方、共産党は1955年に武装闘争路線を放棄して以降、宮本顕治書記長の指導の下、地道な党勢拡大運動を進めていた。機関紙『アカハタ』を大衆的な内容にして部数を増やし、支持団体の民主商工会（民商）は税金対策を手伝うなどして各地の小規模商工業者を組織していく。こうした試みの成果として、60年代に入ると、共産党は各種選挙で得票を伸ばすようになる。69年の衆院選では14議席を獲得し、20年ぶりに2桁議席を有するまでになった。

公明党も共産党も、都市部において特に伸長した。もともと都市型政党であった社会党はそのあおりを強く受け、党勢を停滞させることになる。

特に1969年衆院選で同党は都市部の議席を多数失い、獲得総数でも90（選挙前134）に終わるという歴史的惨敗を喫している。

同じ時期、自民党も絶対得票率では低落を続けていたが、同党が基盤を置く農村部に定数が（人口に比して）多く割り当てられていたこともあり、衆院議席率で見れば6割近くを保っていた。高度成長期には農村から都市へ人口が急速に移動したが、選挙区定数の是正（1964年の法改正で都市部の定数が19増員されている）はそれに追いつかず、「一票の格差」が拡大し続けていた。むろん、自民党が抜本的な制度改革に消極的だったのである。

## 社会党の左傾化と衰退

1960年代以降における社会党の各種選挙での不振は、同党内で路線対立を激化させる要因となった。そしてその抗争が結果として、さらに社会党の不人気に拍車をかけるという悪循環が生じた。

路線闘争の焦点は、江田らが新たに提唱した「構造改革論」（構革論）への評価にあった。江田は浅沼死去後、しばらく委員長代行を務め、右派の河上丈太郎率いる新執行部でも書記長に就いた実力者である。彼の唱えた構革論とは、資本主義の急進的な転覆を狙うのではなく、諸改革を積み重ねることで漸進的に社会主義を実現しようとする理論、およびそれに基づく運動方針であった。同方針は、１９６０年10月の党大会でいったん承認されたが、その後、「改良主義」に堕しているとして党内左派から反対論が唱えられるようになった。これを「構革論争」という。

構革派の総帥《そうすい》である江田は、党内で珍しく大衆アピール力に優れ、目立つ政治家であった。１９６０年の衆院選で陣頭指揮を執った江田は、テレビ討論会での穏やかな話しぶりが好評で、「ブーム」を作り出したとされる。江田の大衆人気が党内で嫉妬《しっと》されたこともあって、路線問題は人間関係のもつれとも絡み、泥沼化した。

江田の党内における主な政敵は、左派である佐々木《ささき》派（佐々木更三《こうぞう》率いる鈴木派の後継派閥）と協会派であった。協会派とは、マルクス経済学者の向坂逸郎《さきさかいつろう》を指導者とした社会主義協会を拠点とする左派活動家の一団である。１９６２年７月、「米国の平均した生活水準の高さ」「ソ連の徹底した社会保障」「英国の議会制民主主義」「日本の平和憲法」を称揚する、いわゆる「江田ビジョン」が発表されると、西側諸国を敵視する党内左派は一層、江田に対する批判を強めるようになった。結果、同年11月、江田は書記長を降ろされることになる。

その後、社会党内では左派勢力が一層伸長し、１９６５年５月には、委員長も河上から佐々木へと交代になった。この間、社会党は構革論を実践するどころか、以前よりさらに教条的な左派路線に傾斜するようになる。その象徴が、66年に完成された綱領的文書「日本に

江田三郎（右）と成田知巳（1968年10月、時事）

おける社会主義への道」である。そこでは、現憲法の枠を超えた「ある種の階級支配」を通して「できるだけ速かに」社会主義に移行すると謳われており、55年以前の左社綱領への接近が見て取れる。西尾らの離脱後、左翼政党として純度を高めていた社会党は、その後の党内抗争を経てさらに左傾化したのである。そしてこの立場は、中道志向の民社党が大勢力に成長しなかったことをもって——ほかならぬ社会党の存在が中道政党の伸長を阻んでいたことを棚に上げて——正当化された。

なお、外交・安保政策に関しては、構革論争での立場によらず、党内で広く非武装中立論が信奉され続けた。1969年1月の党大会では「非武装・平和中立への道」なる文書を決定し、社会党政権実現の暁《あかつき》には、ただちに日米安保条約の解消を通告し、自衛隊の解体に着手するとの方針を改めて内外に示した。

こうして鮮明化した社会党の左翼教条主義路線は、先に見たように、党勢拡大に決してつながらなかった。経済成長の進展とともに、有権者の多くは保革イデオロギー対立ではなく、「成長の果実」の分捕り合戦に強い関心を持つようになっていた。後者のゲームは主に自民党内、あるいは自民党・政府間の争いとして展開されたのであり――最大野党がイデオロギー的主張に固執したのがその一因である――、多くの場合「蚊帳の外」に置かれた（あるいは自らを置こうとした）社会党は支持を失っていくことになる。

そして各種選挙における低迷は、党内の混乱に一層の拍車をかけた。結果この時期、委員長は佐々木から勝間田清一《かつまたせいいち》（1967年8月就任）、成田知巳《なりたともみ》（68年11月就任）へと短期間で交代している。

成田（無派閥）はもともと構革派に近い人物であったが、党内基盤を安定化させるため、左派の立場に近づいていった。成田執行部で再び書記長に就いていた江田は、1970年11月の委員長選に挑戦したが、左派連合によって退けられている。このとき江田に代わって書記長に就いた石橋政嗣《いしばしまさし》（勝間田派）は、「非武装・平和中立への道」を構想した中心人物であった。成田・石橋執行部による左派主導体制の確立により、とまれ社会党内の抗争はひとまず小康を見せた。

**野党共闘をめぐって**

1970年代に入り、社会党内で大きな論争点となったのは、「社公民」と「全野党共闘」どちらの路線を採るべきかという問題であった。自党の議席数が目減りし、多党化した状況をふまえ、社会党では他の野党との連携が模索されるようになったのである。

社公民路線とは、公明党・民社党との関係を強める方針を指す。この路線が浮上したきっかけは、1970年2月の、民社党からの連携強化（社会党との再統一まで含みにする）の呼びかけであった。社公民連携の前提は社会党の現実主義化であったが、69年衆院選の結果（社会党が歴史的大敗を喫した）から、そうした変化の可能性もあると民社党は見たのであろう。公明党はこの時期、言論出版妨害事件で動揺しており、連携先を求めて民社党に追随する姿勢を採っていた（一時、両党の合併まで検討された）。社会党内では右派の江田が民社党の提案に前向きであったため、社公民路線は「江公民路線」とも呼ばれた。

他方の全野党共闘路線は、共産党まで含めた野党連携を国政で——後述のように、地方政界での社共連携はこの時期すでに実績があった——目指す立場であるが、共産党への接近は、結局のところ中道志向の民社党・公明党を遠ざけることになるため、実質は社共共闘路線を意味した。社会党内でこの路線を推したのは、協会派など左派である。

その後の歴史の展開をふまえれば、以上二つの方針のうち、長期的に見て自民党を追い詰める可能性がより高かったのは、社公民路線の深化であったと言えるだろう。しかし、左派主導体制下の社会党において、有力であったのは基本的に全野党共闘路線であった。

特に、1972年衆院選の結果（後述）は、「反自民の性格のあいまいな〝中道政治〟を唱える公明・民社が凋落《ちょうらく》し、対決姿勢を明確にしたわが党と共産党が全議席の三分の一を確保した」と総括され（73年2月党大会）、全野党共闘路線の正統性を大いに高めた。ここで「3分の1」という勝敗ラインが重視されている点に注意したい。左派主導の社会党にとっては、（政権交代ではなく）改憲阻止を目標とする限りにおいて、共産党との共闘で十分なのであり、むしろこの観点からは中道政党、特に民社党との連携は採りえない方針だったのである。

## 「総評政治部」としての社会党

社会党は、公称で5万人ほどしか党員がおらず、大衆的基盤を欠く政党であった。その原因であり結果でもあるが、同党は集票面で労働組合に大きく依存した（党員の多くも組合員であった）。

同党の国会議員の中にも労組出身者は多く含まれている。その割合は、1960年代の終わりごろには5割近くに達した。党全体として長期低落にあえいでいた60年代にあっても、集票基盤の強い労組出身議員は生き残りやすく、結果としてその比重が高まっていったのである。こうして労組との関係を一層密接化させた社会党は、「総評政治部」などと呼ばれるようになる。

総評の主力を成した官公労組は一般に、高度成長期においてもなお厳しい労使対決姿勢を採るなど、左派イデオロギー色が濃厚であった。こうした組織への依存度を強める中で、社会党の現実主義化が進まなかったのは当然である。総評はときに、直接介入して同党の政策路線や運動方針に影響を及ぼした。

社会党議員団の中に、労組への過剰依存に対する懸念がなかったわけではない。1964年には、成田書記長によって、「日常活動の不足、議員党的体質、労組依存」が社会党の弱点として指摘されている。「成田三原則」と呼ばれるもので、要するに大衆的基盤の欠如が問題視されたのであるが、この点は以後も結局改善されず、同党は衰退の道をたどることになる。

他方、社会党から分かれて1960年に発足した民社党は、主に民間大企業の労組から支援を得ていた。官公労組と異なり、自社の業績を気にする民間企業労組は、経営側との階級的対決よりも、労使協調による生産性向上を求める向きがあった。64年11月、総評の左派路線を嫌った労組は、新たなナショナルセンター、全日本労働総同盟（同盟）の下に結集し、民社党への支持を明らかにした。このように、55年体制期における野党の分断は、社会における労働運動の亀裂を反映したものであった。

## 革新自治体の時代

ところで、中央政界における社会党の低迷は、左派運動全体の衰退を必ずしも意味したわけではない。地方政界では、１９６０年代後半からむしろ、社会党や共産党に支援された首長を持つ「革新自治体」が目に見えて増えた。

革新自治体の象徴的な事例が東京都である。１９６７年4月、社共両党の推薦候補として経済学者の美濃部《みのべ》亮吉《りょうきち》が都知事選に出馬し、勝利した。美濃部はこの後、79年まで知事を務め、一時代を築くことになる。このほかにも、黒田了一《くろだりょういち》大阪府知事（71～79年）、飛鳥田《あすかた》一雄《いちお》横浜市長（63～78年）など、60年代から70年代にかけ、特に都市部において革新系首長が次々に誕生した。

都市部における革新自治体の増加は、高度成長の副作用に対する住民の不満の表れと理解できる。経済開発や核家族化の進展により、１９６０年代には環境悪化や福祉サービスの未整備などが社会問題となった。開発地域では住民の不満が高まり、住民運動も多発していた。

これに対し、佐藤政権も「社会開発」を唱え、施策の必要性は認めていたものの、公害対策や学校、病院、住宅など都市における社会資本の供給は遅れた。革新系首長は、こうした現状を変えうる勢力として住民から期待されたのである。初当選後、都立病院を建設し、老人医療費を無料化し、公害防止条例を制定した美濃部知事は、１９７１年都知事選でも悠々と再選されている。

地方政界におけるこうした動きは、間接的に中央政府の政策をも動かすことになる。美濃部当選直後の1967年7月に、佐藤政権が公害対策基本法を成立させたのは象徴的であった。69年5月に閣議決定された新全国総合開発計画（新全総または二全総）では、旧来の「拠点開発方式」を反省し、開発地域の分散を図る「ネットワーク方式」が採られた。さらに政府は、70年の「公害国会」に公害対策基本法改正案など関連14法案を提出し、翌年には環境庁を設置するなど、環境政策を一層強化する姿勢を示した。

## 新左翼の興亡

1960年代における保守支配体制への異議申し立ては、「新左翼」の運動としても展開された。新左翼勢力の最初の活躍の場は、60年の安保闘争であった。58年に元共産党員の学生を中心に結成されていた共産主義者同盟（ブント）が、ここで国会構内突入を主導するなど、暴力的抗議活動を牽引《けんいん》した。

安保闘争後、ブントの組織は四分五裂し、諸党派（セクト）の割拠状態となる。これら新左翼勢力の動きが最も活発化したのは、1960年代後半から70年代初頭にかけてであった。折しも、欧米諸国では公民権運動や反戦デモといった「エリート挑戦的」（R・イングルハート）な抗議活動が若年層を中心に広がっていた時期で、日本もそうした風潮の例外ではなかった。日本では、ベトナム反戦に加え、日米安保延長阻止が新左翼活動家の公約数的な目標としてあった。

１９６０年代末には、大学や高校の構内が新左翼の主戦場となった。東京大学をはじめ多くの学校で、諸党派、無党派（ノンセクト）の活動家を糾合する「全学共闘会議」（全共闘）が組織され、キャンパスをバリケード封鎖するなどして、学校当局に物理的な抵抗を試みた。東京大学における「安田講堂攻防戦」で、武装学生と機動隊が激突し、人々の耳目を集めたのは69年1月のことである。続発する大学紛争に対し、政府は警察力による抑え込みを図ったほか、69年8月には大学当局の自主的な収拾を促す「大学の運営に関する臨時措置法」（大学立法）を成立させ、事態の鎮静化を目指した。

１９７０年前後に猖獗《しょうけつ》をきわめた新左翼運動であったが、「70年安保」が結局、大衆的広がりを見せなかったように、一般市民の感覚からは乖離した運動となっていた。今日振り返れば、西側第二位の経済大国となり、国民の「総中流化」が進んでいた時期に、暴力革命の主張が一般に浸透しなかったのは当然のことだったと言えよう。

安保延長阻止という共通の目標を失った新左翼の諸党派は、その後、内紛と過激化の度を強めるようになり、全体として衰退していく。とりわけ１９７２年初頭に急進派セクト・連合赤軍が引き起こした一連の暴力事件（山岳ベース事件、あさま山荘事件）は、そのあまりの凄惨《せいさん》さに、一般市民は言うに及ばず、活動家の間にも大きな衝撃を与えたとされる。あさま山荘への機動隊突入は、「若者たちの叛乱の時代」（小熊英二《おぐまえいじ》）が終焉したことを象徴する出来事となった。

## 3 自民党支配の揺らぎ

### 「三角大福」の時代

自民党内の派閥は、池田・佐藤政権期に整理統合と領袖の世代交代が進み、1970年代初頭には、田中派、大平派、福田派、中曽根派、三木派の5大派閥（いくつかの小グループ）が割拠する形となった（図2-2）。これら派閥の領袖のうち、佐藤政権期に要職に就いて実力をつけ、後継首相の座を争うことになったのが、福田赳夫と田中角栄である。

福田は、同じく官僚出身である岸信介や佐藤栄作に重用され、他派でありながら、佐藤から後継者の本命と認められていた。1960年代から、岸派の人脈をもとにした派閥を率いている。他方、田中は、その潤沢な資金力を背景に佐藤派の内部に勢力を培養していた。72年総裁選で田中が勝利し、佐藤が政界を引退すると、佐藤派は名実ともに田中派へと衣替え

図2-2　自民党派閥の系譜（55年体制期）

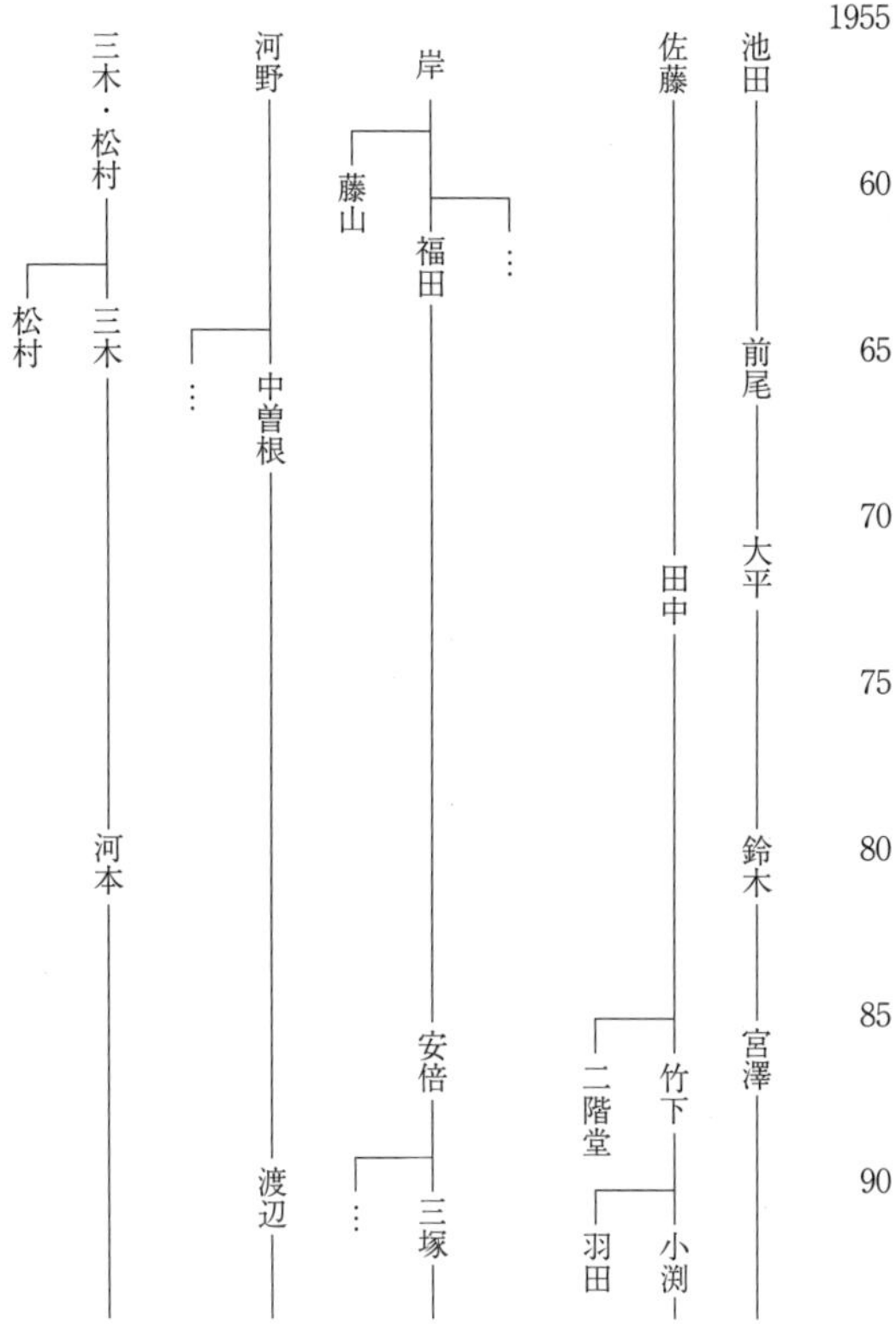


出典：朝日新聞記事等をもとに筆者作成

された。

１９７０年代は、この両者の間の確執を軸に、他派の思惑も入り乱れ、自民党内で醜悪な権力闘争が展開された時代である。与党内の深刻な亀裂に加え、与野党の国会議席数が接近したこともあり、この時代における各政権の基盤は脆弱《ぜいじゃく》であった。結果として、70年代には「三角大福」の４人がそれぞれ短命政権を担うことになる。

## 日中国交正常化

田中角栄総裁選出の経緯から記そう。１９７２年7月の総裁選では、「三角大福」の４候補が並び立つことになったが、結果は、第一回投票で田中１５６票、福田１５０票、大平正芳１０１票、三木武夫69票と割れ、決選投票で２８２票を獲得した田中が１９０票の福田を制した。この選挙では、佐藤派や中曽根派議員の取り込みを図った田中陣営で特に巨額の資金がばらまかれたとされる。金権政治家というネガティブなイメージは、田中に終生付きまとうことになる。

ただし、政権発足当初、田中首相の大衆人気は非常に高く、内閣支持率も前例がないほど高かった（時事世論調査では56％）。１９１８年生まれ（当時54歳）の田中は、官僚出身でなかったどころか、貧困家庭の出で、旧制中学にも進んでいない。建設業の経営者などを経て、

47年衆院選に初当選し、以来もっぱら個人の才覚によって政界をのし上がり、ついに首相にまでなった田中を人々は「今太閤」と呼んだ。

田中内閣のモットーは「決断と実行」（所信表明演説）とされたが、これが最も鮮明に表れたのが日中国交正常化であった。

田中角栄（左）と周恩来（1972年9月、読売新聞社）

1972年2月にニクソン訪中が実現したのに合わせ、日本も対中関係の改善を図ったのである。田中は、政権発足前からこの問題に取り組みを見せており、首相就任まもない9月末、大平外相らと北京に飛び、国交正常化に合意した。与党内に親台湾派の反発を抱えていた一方で、野党（公明党・社会党）が対中関係改善に積極的で、マスコミ論調や世論も前向きという状況に助けられ、首相は実行力を発揮できた。この面では、鳩山内閣の日ソ国交正常化の過程と似たところがあった。

さて、外交的成果を上げた田中首相は衆議院を解散し、12月に総選挙となった。その結果、自民党が得た議席数は271で、客観的に見てまずまずの成績を上げたと言える。ただ、大勝した前回（1969年）衆院選に比べて議席数を減らしたこと、また田中首相個人の人気が高かったこともあって、一般に自民党は敗北したかのような受け止められ方をした。

実際のところ、この選挙では、与党の成績よりむしろ、野党間の議席配分に注目すべき変化が生じていた。共産党が38議席獲得という急伸を見せたのである。1960年代から続く、同党の地道な党勢拡大運動（民商といった関連団体の拡大など）が特に都市部で実を結んだ結果と見られる。他方、社会党は前回の大敗からいくぶん回復を見せたものの、118議席にとどまった。公明党と民社党は大きく議席を減らした（それぞれ29、19議席）。

衆院選後、田中は第二次内閣を発足させた。第一次内閣では福田派に対する露骨な冷遇人事を行った田中であったが、今回は同派にも相応にポストを配分し、党内融和を図ろうとした。福田自身も行政管理庁長官として入閣している。

## 列島改造論と石油ショック

1972年総裁選に始まる「角福戦争」は、ポストをめぐる権力闘争であっただけでなく、経済政策をめぐるビジョンの争いという面もあった。すなわち、安定成長論者・福田との対決の中で、田中が打ち出した内政面での積極策が「列島改造論」であった。新幹線や高速自動車道を全国的に整備し、工業を地方に分散配置して、地域格差の是正を目指すという国土開発政策である。総裁選直前に出版された田中の著書『日本列島改造論』はベストセラーとなり、社会に一大ブームを作り出した。

ところが列島改造論は、結果的に打ち出したタイミングが最悪であった。第二次田中内閣が組んだ１９７３年度予算は、公共事業費32％増など列島改造関係費で膨れ上がった。しかしニクソン・ショック後の景気対策などですでに過剰流動性が生じていたところ、列島改造に期待して土地投機が過熱し、地価や物価の上昇に拍車がかかってしまう。

インフレが急速に進む中、１９７３年の春ごろには内閣支持率が大幅に低下し、自民党に対する支持率まで下がり始めた。窮地に陥った田中首相は、衆院選に大政党有利の小選挙区制を導入する案を突如、唱えるようになる。しかし、この選挙制度改革案は、野党はもちろん与党内でも慎重論が強く、結局、第71回特別国会への法案提出は見送られた。この国会は延長に延長を重ね、異例にも２８０日もの会期（72年12月〜73年9月）があったにもかかわらず、野党の反対を受けた列島改造関係諸法案は結局ほとんど成立せずに終わった。

田中の列島改造論を最終的に葬ったのは、１９７３年10月に始まる第一次石油ショックであった。第四次中東戦争が勃発した影響で原油価格が急騰し、インフレがさらに進んだのである。結果、消費者物価指数が73年、74年にそれぞれ前年比12％、23％上昇するという「狂乱物価」（福田の表現）が国民生活を直撃した。この間、買い占めや売り惜しみを行い、インフレに便乗して荒稼ぎする企業も現れ、消費者の不満は頂点に達した。

折も折、1973年11月に愛知揆一《あいちきいち》蔵相が急死したが、田中首相はその後任に、政敵の財政家・福田を就けている。これは実質的に、列島改造計画を棚上げするとの敗北宣言であった。福田蔵相は、74年度予算案で公共事業費を抑え込むなど財政引き締めを図り、インフレ抑制に努めた。

### 金権選挙

苦境の田中政権は、1974年7月に迎える参院選で挽回《ばんかい》を期した。ここで自民党は、なりふり構わず巨額の資金を使って派手にキャンペーンを行い、徹底した「企業ぐるみ選挙」を展開した。大企業に資金や運動員を提供させ、その関連企業の従業員や家族の票までフル動員したのである。しかし結果は、自民党にとって不調だった前回（71年）をさらに下回る62議席獲得にとどまった。同党はなお参院過半数を辛うじて保ったものの、「保革伯仲」の状況が現実化した。野党の中で伸びたのはやはり、13議席（前回6）を得た共産党であった。

この結果を受け、田中は与党内での求心力をいよいよ失った。選挙後まもなく、金権政治に批判的であった三木副総理、福田蔵相が相次いで辞任した。その直後、福田・三木・中曽根3派は若手議員が中心となって党再建議員連盟を立ち上げ、執行部との対決姿勢を強めた。

また、巨額の資金を使って選挙に勝てず、内輪もめに終始する自民党に対し、スポンサーの財界もいよいよ愛想をつかした。経団連は参院選の翌月、今後、自民党への政治献金に協力しない旨の決定を行っている。

田中政権にとどめを刺したのは、1974年10月に発売された『文藝春秋』誌の特集記事であった。ここで田中による裏金作りのカラクリが暴露され、党内外で追及の声が高まった。進退窮まった首相は11月、ついに退陣の意向を表した。

### 危機と補償

ところで、各種選挙で保守勢力の後退が目立った1970年代、自民党政権は様々な政策手段を動員して支持のつなぎとめを図っている。特に、自民党の地盤である農村向けには、コメの政府買取価格を（需要は下がり続けていたにもかかわらず）上昇させ、兼業農家の収入源となる公共事業を拡大するなど手厚い対策を施した。田中内閣の列島改造論にも、農村部での集票効果を狙う側面があった。

ただし、農業人口は減り続けていたから、農家対策だけで自民党政権がこのまま維持できるとは考えられなかった。都市部においては、特に小規模商工業者に対する共産党の勢力浸透が脅威で、自民党は対策を迫られた。田中内閣は1973年、中小企業が無担保無保証で政府系金融機関から低利の融資を受けられる制度（通称、「マル経融資」）を創設している。これは実質的に、民間金融機関への利息払いに苦しむ中小企業への補助金制度である。73年にはまた、中小小売業者の保護を図るため、大型商業店の出店を規制する大規模小売店舗法（大店法）も制定されている。

田中内閣はさらに、社会保障制度の充実という面でも目立ったが、これも（もちろん社会的ニーズに沿った政策ではあったが）選挙対策という側面があったことは疑えない。1973年は「福祉元年」と呼ばれるが、老人医療費無料化や年金の物価スライド制が導入され、社会保障関係予算は前年比で29％増と膨張した。他方で、その財源となるはずの所得税は、むしろ毎年のように減税された。

こうした分配政策には、自民党政権を延命させる効果がたしかにあったと見てよい。特に農村部では利益誘導策が奏功し、1970年代には、農林漁業者は他の職業集団に比べ、突出して自民党支持の厚い集団になった。他方で、石油ショック後に経済成長が鈍化しつつある中、拡大の一途をたどった低生産性部門へのバラマキ政策は、財政負担の大きさや経済的効率性の観点から問題視されるようになり、70年代後半には政治問題化することになる。

政局の話に戻ろう。田中首相の退陣表明後、自民党における後継総裁選びは混迷した。まず総裁選を行うかどうか自体が争点であったが、党分裂を回避する道として、椎名悦三郎《しいなえつさぶろう》副総裁による裁定という形が結局採られることになった。「三大福」が有力候補であったが、椎名自身を含む党長老による暫定政権案も検討された。

最終的な椎名の選択は、三木武夫であった。福田と（田中の盟友であった）大平は激しく対立しており、どちらを選んでも党分裂につながるとの恐れから、消去法的な選択がなされたと言える。実際、福田はこのとき、かなり具体的な新党構想を持っていたとされる。三木もまた、野党の一部と連携した新党構想を持っていた。与野党の議席数が接近していた当時、党分裂は高い確率で自民党が下野することを意味した。

ただその一方で、三木は「クリーン三木」と呼ばれたように清廉さを売りにし、筋金入りの党近代化論者としても知られており、金権政治家・田中の後釜に据えるには適任であるとも見られた。その意味で、椎名にとって、三木を選ぶ積極的な理由づけはあった。

三木自身がこの裁定に「青天の霹靂《へきれき》」と感想を述べたように、彼の自民党総裁就任は驚きを持って受け止められた。三木の衆院初当選は１９３７年で、74年当時、ほぼ最古参の議員である（ただし年齢は67歳で、福田より若かった）。三木は戦後、保守合同まで一貫して非吉田（自由党）系政党の幹部を務め、さらには講和条約に反対するなど革新寄りの姿勢を示し、

三木武夫（1974年12月、共同通信社）

常に保守「傍流」の扱いを受けてきた。前年の副総理辞任もそうであったように、しばしばその行動で政局を混乱に陥れた三木は、「バルカン政治家」の異名も持った（バルカン半島は「火薬庫」としてイメージされる）。

新内閣は１９７４年12月に発足した。三木は、福田を副総理兼経企庁長官に、大平を蔵相に、中曽根康弘を党幹事長の要職にそれぞれ起用している。党内融和を優先した形であるが、首相の党内における地位の脆弱性を如実に示した人事でもあった。三木派の勢力は、５大派閥の中でも最小規模にすぎなかった。

田中政権崩壊の経緯から、三木政権では、金権政治の打破や自民党組織の近代化が喫緊の課題に設定された。具体的には、政治資金規正法の改正や自民党総裁選の改革などが必要とされ、首相はこれらの実現に向け、意欲的に取り組む方針を示した。

ところが、傍流たる三木の求める政策の多くは、与党内の反対が強く、妥協や挫折を余儀なくされた。自民党近代化のための目玉として三木が打ち出した、総裁予備選導入案がその一例である。この案の狙いは、総裁選に一般党員を参加させることで、派閥や金権の影響を抑えることにあったが、田中派・大平派を中心とする国会議員の抵抗は根強く、結局、三木総裁は任期中の改革実現を断念することになった。

政治資金規正法については、１９７５年４月、寄附制限、収支公開の徹底を柱とする改正案が国会に提出された。この改正案は、企業献金全廃を目指した三木にすれば最初から譲歩した内容であったが、にもかかわらず自民党内の反発は強く、審議が進まなかった。同法案は結局、国会最終日になってようやく参院本会議の採決にかかったが、全野党の反対（より抜本的な改革を求めた）に加え、与党議員の欠席もあって賛否同数となり、議長の裁決によって辛うじて可決されるという異例の展開となった。「伯仲国会」の下で、自民党内の反執行部勢力は、政権の政策実現を容易に阻めるようになっていた。

さらにもう一つ、三木が重要課題に掲げていた、独占禁止法の改正も容易ではなかった。当時、インフレ状況下で便乗値上げなどを行った大企業の振る舞いが「社会的公正」性を欠くとして問題視されており、公正取引委員会の権限強化（企業分割命令権を与えるなど）を求める声が、野党やマスコミを中心に高まっていた。三木もこうした主張に同調して、企業活動に対する規制強化（独禁法改正）に積極的に取り組もうとした。しかしこの動きに対し、財界は当然ながら猛反発し、自民党内でも元商工官僚の椎名副総裁を中心に強い反対論があった。独禁法改正案は結局、骨抜きにされた内容で１９７５年４月に国会に提出されたが、最終的に参議院で握りつぶされ、審議未了、廃案となる。

思うように改革が進められない中、1975年の後半になると、三木は与党内保守派の協力を取り付けるため、様々な面で配慮を見せた。親台湾派の求めていた日台空路の認可、首相の（私人としての）靖国《やすくに》神社参拝といった動きがそれである。「革新寄り」らしからぬこれらの施策は、三木の政治的したたかさの表れと見ることもできるが、根本的には彼の党内基盤の脆弱性を示すものであったろう。

## 静かな転機

三木政権下で迎えた1975年は、「実質的意味の55年体制」（60～80年代）30年のちょうど折り返し点にあたる。この年は、60年のような分かりやすい時代の転換点ではない。しかし今日振り返ってみると、その後の日本政治の転回を予感させる、あるいは準備するような出来事の起きた年であった。

第一に、1975年は、革新政党の基盤たる戦後労働運動の大きな曲がり角である。この年に行われた、公共企業体等労働組合協議会（公労協）による「スト権スト」がその転機であった。公労協は国労、全電通、全逓（それぞれ国鉄、電電公社、郵政労働者の組合でいずれも総評傘下）など3公社5現業の労働組合の連合体で、占領期に剝奪された争議権の回復を悲願としてきた。特に国労は、70年代に入って争議権奪還を目指す違法ストライキを繰り返すようになっていたが、革新寄りと見られた三木政権下で一挙に問題解決を図るべく、いよいよ大勝負に出たのである。11月末、国鉄は全線でストに入り、最終的に丸８日間も続くという前代未聞の事態となった。

　この攻勢に対し、三木首相はスト権付与を当初検討したとされるが、中曽根幹事長をはじめとする与党内多数派の強硬論を無視することはできず、結局、労組に対する譲歩は一切行わなかった。ここでも三木は、党内基盤の弱さから、右派的立場に寄らざるを得なかったわけである。もっとも、一般市民の間でも公共機関のストは大不評で、それを指揮した労組のイメージはよくなかった。

　結局、この乾坤一擲《けんこんいってき》の戦いは公労協側の全面敗北に終わり、国労はスト権を得るどころか、巨額の損害賠償責任を負わされることになる。以後、公労協の中でも、全電通と全逓は穏健化・労使協調志向を強め、国労と対立を深めていく。これはすなわち、総評内における闘争方針の揺らぎと、その結果としての、労働界全体における総評の影響力の後退を意味した。

　第二に、１９７５年は、保守勢力の側で自己刷新の必要性が自覚されたという意味でも象徴的な年である。同年の『文藝春秋』２月特別号に「日本の自殺」と題する論文が発表され、話題となった（匿名であったが、経済学者の香山健一《こうやまけんいち》が著者とされる）。ここでは、高度成長により「巨大な世界国家」となった日本が、没落の危機に瀕しているとの見方が示されている。

日本は74年にゼロ成長に陥っていたが、これが持続し、マイナス成長に転落する恐れがあるというのである。

同論文によれば、日本が没落へ向かう根本的な要因は、この国の繁栄そのものにある。すなわち、「繁栄と都市化が大衆社会化状況を出現させ、それが大衆の判断や思考力を衰弱させることを通じて、『パンとサーカス』の活力なき『福祉国家』へと堕落し、エゴと悪平等主義の泥沼に沈んでいく」という自壊の過程が、古代ローマ帝国と同じく、日本でも進行しつつあるとする。具体的に問題視されたのは、「財源の裏付けを持たない、政党間の、無責任な人気取りのための『福祉コンクール』」、「政党や地方自治体の無責任な『無料化コンクール』（水道、ゴミ処理、教育、医療など）『減税競争』」といった施策である。

ここには、当時の保守系知識人や財界エリートの危機意識が集約的に表れている。高度成長が終わりを迎えたいま、非効率的な利益政治の是正、あるいは「小さな政府」という視点からの体制改革の必要性が真剣に議論され始めたのである。折しも1975年は、戦後初めて本格的に赤字国債を発行した年でもあった。この後、財政赤字が深刻化していく中で、税制改革や歳出削減の問題がいよいよ時代の争点となっていく。既得権者――バラマキ政治が拡大する中で、いまや多くの有権者が何らかの既得権を抱えていた――の抵抗が予想される、この問題にどう対応するかが、各内閣の、そして自民党政権全体の命運を決めることになるだろう。

# 第3章　55年体制Ⅱ——安定成長期の政治

　本章では「実質的意味の55年体制」の後半期、すなわち1970年代後半から80年代における政治の動きを追う。「55年体制」という言葉から今日一般に想起されるのは、まずこの時期の政治であろう。そのイメージは一言でいって、「豊かな社会における貧困な政治」といったものではないだろうか（80年代には「経済一流、政治三流」という表現が流行した）。

　この時代、社会的には明治期以降、最も安定していたと言ってよい。日本の経済社会は、激動の高度成長期を通過し、第一次石油ショックの混乱を乗り越え、安定成長期に入っている。1970年代末には第二次石油ショックに見舞われたが、民間企業の経営努力によってこれも乗り越え、いよいよ日本は経済大国としての地位を確立しようとしていた。また「一億総中流」と言われたように、社会的格差も比較的小さい時代である。

政治面でも、保守政権が持続したという意味での安定性は際立っていた。以下で見るように、1980年代（末期を除く）の政治状況は自民党にとってとりわけ有利であったし、70年代後半も議席総数では野党に迫られたものの、自民党に比肩するライバル政党が現れたわけではなかった。社会党は、左翼教条主義からの路線転換が容易に進まず、他の野党との関係構築に失敗しただけでなく、大方の有権者から政権担当能力の欠如を疑われていた。

しかしこの政治的安定は、国民の目から見れば政治的停滞以外の何物でもなかった。各党の国会での役割が永年固定化する中で、与野党第一党の政治家のエネルギーの多くは、不毛にも自党内での主導権争いに費消された。結果、福田赳夫や大平正芳といった識見・能力を持った首相も、短い任期の中で不完全燃焼に終わらざるを得なかった。また緊張感を欠いた政治は、腐敗を生む土壌となり、税制改革といった痛みを伴う困難な政策課題の先送りをもたらした。

有権者は結局1980年代まで自民党に「支持」を与え続けたが、多くの場合、消極的な選択の結果にすぎず、政治全体に対する不信感や不満は常に高かった。この点を押さえることなしに、なぜ本章で扱う（経済的な面での）「黄金時代」の政治がのちに大改革すべき対象と見られるようになったのかを理解することはできない。

## 1　自民党戦国史

### ロッキードと三木おろし

1976年2月、米国上院の外交委員会で、ロッキード社が航空機売り込みのため日本政府高官などに贈賄したとする疑惑が持ち上がった。高官の一人として具体的に名が挙がったのが、ほかならぬ前首相の田中角栄であった。

権力基盤が弱かった三木武夫首相は、この件を、与党内で主導権を握る好機として捉えた。三木は早速、米国政府に情報提供を依頼するなど、党内での根回しもなく、事件の究明に向けて積極的に動き出した。その背後で国会審議は停滞し、経済対策のための財政特例法案など重要法案が流れる可能性が高まった。

こうした三木の独走を見て、椎名悦三郎副総裁は首相を退陣させる方向で策動を始める。そもそも独禁法改正問題などで三木に批判的であった椎名の目には、自民党支配を自ら動揺させる、許しがたい行為と映ったのであろう。ただ、この「第一次三木おろし」は結果として成功しなかった。党内では、福田赳夫（副総理兼経企庁長官）をはじめ、世間から「ロッキード隠し」と見られることを恐れ、様子見に回る議員がなお多かったのである。この情勢を見て三木は強気の発言を続け、椎名らも6月、いったんは矛を収めた。

他方、同月、若手のホープであった河野洋平《ようへい》（一郎の子）を中心とする6名の自民党国会議員が、「腐敗との決別」「新しい自由主義の確立」「硬直した政治からの脱却」を掲げて離党し、新自由クラブを結成している。少数とはいえ、1955年の発足以来、自民党が初めて経験した集団離党で、党内外に衝撃を与えた。

この直後の7月、田中前首相がついに逮捕される。これにより、もはや「ロッキード隠し」と見られる心配もなくなったということで、自民党内の倒閣運動が再び活発になった。この「第二次三木おろし」は、次期政権を狙う福田と大平正芳が連携し、主導した。反三木連合は8月、自民党国会議員の6割、閣僚15人まで含む大勢力で挙党体制確立協議会（挙党協）を立ち上げ、気勢を上げた。

自民党内で完全に孤立した三木であったが、なお老練の政治家らしく粘り腰を見せる。首相は、衆院解散を行わず重要法案の審議を進める、中曽根康弘幹事長を交代させるといった譲歩を見せつつ、退陣はあくまで拒否し続けた。それどころか三木は、11月に二階堂進《にかいどうすすむ》など4人の「灰色高官」（ロッキード事件に関与した疑いの強い政治家）を公表し、挙党協側に冷や水を浴びせさえした。この直後、挙党協内で後継総裁候補に推された福田は、閣僚を辞し、いよいよ倒閣に向けて退路を断った。

三木派と反三木連合がにらみ合う中、1976年12月、戦後初めてとなる衆議院の任期満了選挙が行われることになる。前年の法改正により、今回から都市部で20議席を追加し、全511議席をめぐって争われることになった。

自民党の苦戦は必至であった。汚職事件や党内抗争の醜悪さに多くの有権者は呆れ、同党の支持率は結党以来最低の水準に落ちていた。自民党のスポンサーたる財界も、今回の選挙では資金援助を渋っている。この苦境で自民党は、党本部と挙党協がそれぞれ独自の態勢を組む、事実上の分裂選挙を展開することになった。結果は案の定、同党にとって非常に厳しいものとなる。自民党は249議席しか得られず、選挙後の追加公認によりようやく衆院過半数を確保した。

同選挙の結果、参議院に続き、衆議院においても与野党の議席数がいよいよ伯仲する事態となった。ただ、自民党の議席が減った分、都市部では新自由クラブが伸長（17議席）しており、保守陣営全体として大きく後退したわけではない。既成野党について見ると、民社党（29議席）、公明党（55議席）がそれぞれ議席を増やし、全体として中道政党が好調であった（新自由クラブも自民党に比べて中道的であった）。

他方、社会党（123議席）は微増であったが、江田三郎副委員長、佐々木更三元委員長、勝間田清一前委員長ら大物が落選し、敗北と受け止められた。共産党（17議席）も1960年代からの進撃がついに止まり、半減以下の惨敗に終わっている。自公民3党やマスコミによる「反共キャンペーン」がイメージダウンにつながった、というのが共産党側の分析である。76年に入って、戦前の「スパイ査問事件」（共産党幹部がスパイの嫌疑をかけられリンチ死したとされる事件）がマスコミや国会で取り上げられ、共産党批判が高まっていた。

ともあれ、与党の大幅な議席減を受けて、さしもの三木首相も退陣を避けられない情勢となった。退陣表明に際して三木は、「金権体質と派閥抗争の打破、長老政治の体質改善、予備選挙を採用した総裁公選制度への改革」をやり残したとする所信を発表している。

## 福田の党改革

1976年12月、福田赳夫が首相に就任した。福田は05年、群馬県に生まれ、東京帝大卒業後、大蔵省に入った。終戦後、主計局長のとき、昭電疑獄に絡んで逮捕されている（のち無罪確定）。その後、福田は政界に転じ、52年に衆院初当選を遂げた。当初は無所属であったが、翌年から自由党に入り、岸信介の薫陶《くんとう》を受ける。政策通として知られた福田は、自民党結成後、58年には早くも政調会長に抜擢されている。その後の彼の活躍についてはすでにふれてきた。田中角栄との確執が災いして就任は遅れたが、福田が総理総裁の器たることは衆目一致するところであった。

しかし、新政権の前途はいかにも多難に見えた。国会では与野党の議席数が接近し、与党内でも党務を大平幹事長に握られた状況では、首相のリーダーシップは制約されざるを得ない。さらには内閣支持率も当初２割台（時事世論調査など）しかなく、国民の期待感も低かった。

ともあれ、政権発足後、福田がまず取り組んだのは自民党改革であった。福田自身が年来の熱心な党近代化論者であったし、彼を推した挙党協も三木との対抗上、派閥解消を打ち出していた経緯があった。そこで、福田の総裁就任後すぐに党改革実施本部が立ち上げられ、１９７７年４月の党大会で具体的な改革案が採択されている。当改革の主眼は、三木政権期から懸案であった、総裁予備選の導入にある。大勢の一般党員を投票権者に加えることで、国会議員同士が派閥に分かれて争ったり、買収工作したりすることが無意味になると期待されたのである。

福田の党改革は、たしかに画期的であった。しかし結果から見れば、派閥解消という大目標につながったとは言えない。各派は（総裁の指示で表向き派閥の看板は下ろしたものの）実質的に維持され、１９７７年７月の参院選では各「政策集団」がそれぞれ別の選対本部を設けた。また後述するように、総裁予備選が実際に行われてみると、派閥対立は和らぐどころか、地方組織の末端党員レベルにまで広がる始末となった。

自民党組織の派閥分断は、総裁選の方式だけが問題だったのではなく、保守政治家（あるいは日本人そのもの）の「文化」によるものでもなく、衆議院の選挙制度に起因する部分が大きかった、と見るのが今日の政治学では一般的である。中選挙区制の下で、大政党では必然的に「同士討ち」を迫られる。自民党候補の場合、全国ほとんどの選挙区で他の自民党（系）候補と競争することになったが、そこでの争いは同じ保守的有権者層をめぐるものとなるため、野党候補との争いよりもかえって熾烈になるという面があった。党本部は一方に肩入れするわけにいかず、各候補はいずれかの派閥に支援を求めるほかなかった。必然、中選挙区制下での大政党は「派閥連合体」の色彩を強めることになる。

ちなみに、中選挙区制が派閥政治の元凶であることは、当時すでに政界関係者に認識されている。しかし、選挙制度の抜本的変更が、ほかならぬその制度で当選してきた議員たちによって積極的に行われるというのは、およそ考えにくいことである。保守合同後、すでに鳩山一郎首相、田中首相が（派閥解消を目的としたわけではないが）小選挙区制導入論を打ち出し、挫折している。そこでは野党が反対したのはもちろん、与党内でも慎重論が強かったのであった。抜本的な選挙制度改革が実現することがあるとすれば、それはきわめて例外的な、劇的な政治状況においてであろう。

## 伯仲国会

福田内閣は1977年度予算の編成にあたり、景気回復と財政健全化の両面を目標に置いた。日本経済は田中政権期の最悪状態こそ脱していたものの、完全には復調しておらず、景気刺激策が求められていた。他方で、国家財政の公債依存度はすでに30%ほどに達しており、これ以上の悪化は避けたいというのが福田の考えであった。

これに対し、立場上財政に責任を負わない野党は、第80回通常国会（1976年12月〜77年6月）で所得税減税を大幅に積み増す「1兆円減税」案を主張し、政府予算案に反対した。このとき衆院予算委員会は、（委員長を除いて）野党の委員数が与党を上回る「逆転委員会」であった。福田は野党案に反対であったが、結局、減税に加えて社会保障費の増額を含む予算修正に応じざるを得なくなった。野党の要求による実質的な予算修正は、自民党政権の成立以来、初めてのことであった。

ついで1977年7月には、参院選が行われている。この選挙で自民党は、候補者数を絞る安全策を採り、宗教団体など友好団体からの集票を徹底した。結果、自民党は改選議席のちょうど半数（63議席）を得、追加公認も加えて、辛うじて過半数議席を維持している。この結果は、事前の大方の予測から考えれば、自民党が善戦したと評価されるもので、執行部の責任論は回避された。

とはいえ伯仲国会であることに変わりはなく、この状況では、福田政権も歴代政権と同じく、憲法改正といったイデオロギー的対立争点は避けざるを得ない。1960年代には「いまの憲法は銃と剣で押付けられたもの」と公言して憚《はばか》らなかった福田であったが（朝日新聞1968年2月26日付）、自身の首相在任中にはほとんど改憲についてふれることがなかった。

福田政権が進めた保守的政策として目立つのは、元号制度法制化の閣議決定くらいである。昭和天皇が高齢となるにつけ、政府内では代替わりへの備えが懸案となっていた。対する社会党・共産党は、主権在民を定める憲法に抵触するとして、天皇制と結びついた元号制度の存続そのものに異を唱えた。

### 経済大国・日本

思うに任せない内政と異なり、福田政権は外交面でいくつもの成果を上げた。1977年8月、東南アジア歴訪の際に発した「福田ドクトリン」（日本の軍事大国化を否定し、東南アジア諸国と「心と心のふれ合う相互信頼関係」を築くとする）、78年8月に調印した日中平和友好条約が代表的なものである。

これらの成果は、国際社会における日本のプレゼンスの高まりを前提に得られたものである。日本経済は第一次石油ショック後、（おそらく福田の経済政策の貢献もあり）比較的良好なパフォーマンスを上げ、貿易黒字を積み上げていた。アジア諸国が日本に接近を試みた動機として、経済援助への期待があったことは疑いない。

経済大国となりつつあった日本は、アジアにおいてだけでなく、先進国の間でも存在を大きくし、その分、国際的に相応の役割を果たすことが求められるようになった。そして、そうした国際的立ち位置の変化が、内政にも影響を及ぼすようになる。

１９７７年５月のロンドン・サミットでは、日本が米国や西ドイツと並んで「機関車」として世界経済を牽引する役割を担うべきだとされ、福田首相はそのための内需拡大策を国際公約とした。このこともあって、政府は９月に２兆円規模の公共事業など総合経済対策を決定し、補正予算を組んでいる。

その後も欧米諸国からは景気拡大策を求められ、また財界からの要望もあって、福田内閣は、異例にも１９７７年度第二次補正予算と78年度予算を一体的に編成する超大型の「15ヵ月予算」を組むことになった。さらに78年７月のボン・サミットでも前年と同様の機関車論が繰り返され、９月に２・５兆円の総合経済対策を打ち出すことになる。

これらの積極財政政策の結果、１９７８年度の経済成長率は（国際公約の７％には届かなかったものの）５・７％となり、たしかに景気は拡大した。また以上の経済対策は、結果的に

78年末から始まる第二次石油ショックへの備えにもなった。ただその反面、福田の当初の目標に反し、財政赤字がさらに拡大することになった。

### 大福対決と「天の声」

政局の話に戻ろう。1977年11月、福田首相は内閣改造・党人事を実施し、権力基盤の強化を図った。この人事では官房長官に腹心の安倍晋太郎《あべしんたろう》を据えるなど、いくぶん福田色を強めることに成功している。しかし、福田が与党内での求心力を根底から高めるためには、解散総選挙を自ら取り仕切り、勝利するという条件が必須であった。ライバルの大平は、「三木おろし」の際、福田から2年で政権を禅譲されるとの密約を交わしたと（一方的に）理解しており、福田政権の長期化を現状のままで受け入れるとは考えられなかった。

1978年秋、日中平和友好条約締結という成果を上げた福田は、いよいよ衆議院の解散を考えるようになる。同条約を世論は好感しており、内閣支持率も上向きであった。これに対し、大平やその背後にいた田中は、現政権の継続につながりうる解散総選挙に反対した。代わりに、じきに総裁選が行われることになっていたため、そこでの勝負に持ち込むことを考えたのである。

福田もまた再選には自信を持っていたため、結局、強引な解散総選挙はなされず、197

8年11月に初の総裁予備選が行われることになった。福田は、事前の調査報道などから優位を疑っておらず、予備選で2位以下の候補者は本選を辞退すべきだとまで豪語していた。ところが蓋を開けてみると、大平の得票が予想外に伸び、福田は大差で後塵《こうじん》を拝すことになった。

大平正芳（左）と福田赳夫（1978年11月、時事）

この予備選で、田中派と大平派は、党員党友名簿をもとに、議員秘書やアルバイトを大量動員したローラー集票作戦を展開していた。票の買収はもちろん、投票用紙の水増しといった不正も横行したとされる。これに対し、もともと金権・派閥政治に批判的な福田は、積極的な応手を欠いた。

予備選の開票が進み、大勢が決した段階で、福田は「天の声も、たまには変な声がある」と述べ、本選への立候補辞退を表明した。これにより1978年12月、大平が新総裁に就任する。しかし当然ながら、福田とその周辺はこの顚末に大いに不満を残した。福田は持論に従って自分の派閥を解散したままに置いていたが、翌年1月には安倍らと

「政策集団」清和会《せいわかい》を立ち上げ、新執行部に対抗する構えを見せた。

**大角連合政権**

大平正芳は1910年、香川県の農家に生まれた。大蔵官僚として占領期に池田勇人蔵相の秘書官を務めた後、52年衆院選に自由党から出馬して初当選している。その後、池田内閣官房長官をはじめ、外相、通産相、蔵相、党幹事長など要職を歴任してきた。読書家かつ文筆家として知られ、「戦後政界屈指の知性派」とも評される。ライバルの福田が認めていた通り、大平もまた十分に宰相の器であった。

他方、党内外に強大な反対勢力を抱え、三木や福田と同じく、大平の政権基盤もまた確固たるものではない。そこで大平が頼ったのが、田中角栄とその派閥であった。そもそも大平政権は、田中派の協力なしに誕生しえなかった。田中の側も、ロッキード事件発覚以来、雌《し》伏《ふく》を余儀なくされていたが、大平政権の誕生は復権に向けての好機と見た。田中は公式には自民党を離れていたものの、依然として党内に大軍団を養っており、政権の死命を制する立場にあった。

こうして大平内閣は、野党やマスコミから「角影内閣」との汚名を着せられたが、この点は与党内反主流派から見ても格好の攻撃目標であった。福田ら反主流派は、党近代化のさらなる実質化を求めて執行部を追及したが、これは自民党改革という大義のためだけでなく、金権・派閥政治家の象徴たる田中の影響力を弱め、大平の政権基盤を崩すためにも有効な戦術だったのである。

対する大平は、党近代化論について常に冷淡であった。そもそも大平は派閥の存在に寛容であったが、この姿勢は、人間の価値観や認識に多様性があることをふまえた、彼なりの哲学に基づいていた。しかし他方で、反主流派の唱える党近代化論に抵抗することは、大平にとって、田中を守り、自身の政権基盤を守ることにつながるという実利を伴っていたことも事実である。なお大平は、政権発足後まもなく発覚したダグラス・グラマン事件（軍用機売買に関する贈収賄疑惑）に際しても、ロッキード事件における三木首相とは対照的に、解明に消極的な姿勢を見せ、野党の猛反発を招いている。

そうかといって、大平政権を田中政権の単なる亜種と見るのも、また一面的と言うべきであろう。大平は、「田園都市構想研究グループ」をはじめとするいくつもの政策研究会に知識人や文化人を集め、「21世紀を展望した長期的、総合的な観点に立って、これからの日本にとって必要なことを（中略）自由に討議し、提言」するよう求めた。田園都市構想とは、「都市の持つ生産性と田園の豊かな自然、潤いのある人間関係を結びつけたゆとりある都市」作りを目指そうとするプロジェクトである（『大平正芳』）。産業化を達成した成熟社会にふさわしく、「文化の重視」「人間性の回復」を唱えた大平らしい着想で、田中の国土開発論（列島改造論）とは根本的思想が異なると評価できる。

**財政再建問題**

1979年4月に実施された統一地方選は、大平政権に対する最初の審判の場となった。ここで、第二次石油ショックやダグラス・グラマン事件の渦中にもかかわらず、自民党はかなりの好成績を上げている。知事選では14都道府県で自民公認ないし推薦の候補者が当選した。このうち東京都では、元自治次官の鈴木俊一《しゅんいち》（自民、公明、民社、新自ク推薦）が知事に当選し、67年から続いた革新都政に終止符が打たれている。各種世論調査でも、自民党支持率はすでに底を打ち、上昇基調にあった。6月に東京サミットのホストを無事務め上げたことも、首相にとって自信となった。

だが、好事魔多し。1979年秋になって、大平は、自ら打ち出した大型間接税導入論に足をすくわれることになる。大蔵省出身の大平はもともと「小さな政府」論者であったうえ、自身が蔵相の際（75年度）に本格的な赤字国債の発行が始まったという負い目もあり、財政再建にひとかたならぬ熱意を持っていた。そこで大平内閣は80年度からの「一般消費税」導入を進めようとしたが、野党の激しい反発を招き、9月の内閣不信任案提出を誘発する。先の地方選の結果などから総選挙で勝算ありと見た首相は、これに対し、衆院解散で応じた。

ところが、大平にとって折も悪いことに、解散直後に日本鉄道建設公団の不正経理問題が報道されると、「税金の無駄遣い」に有権者の厳しい目が向けられることになり、一般消費税構想に対する逆風が強まった。与党内でも慎重論が強まる中、大平は結局、新税導入断念に追い込まれる。

こうして迎えた10月の衆院選は、大平の配慮もむなしく、自民党の過半数割れに終わった（ただし選挙後に追加公認して辛うじて過半数を確保した）。自民党の獲得議席数248は、それまでの同党の歴史上最少である。首相が喚起した増税論は当然、この結果に影響したと理解された。もっとも、自民党の議席数が伸びなかったのは、選挙戦術上の失敗によるところも大きかった。自民党では候補者調整の失敗から共倒れが続出した一方、民社党（35議席）と公明党（57議席）は選挙協力を行った結果、好調であった。

他の野党では、共産党が39議席を獲得し、前々回（1972年衆院選）の水準に戻した。投票日は関東地方を中心に大荒れの天候となり、投票率が下がった（68・0％）が、このことが比較的固い支持層を持つ共産党に有利に働いたと見られる。逆に、社会党は107議席と後退し、前回、都市部無党派層の票を集めて注目された新自由クラブも今回は4議席しか得られていない。

## 抗争の果てに

さて、衆院選の結果を受け、福田・三木・中曽根の反主流3派は、当然のごとく執行部に退陣を迫った。しかし、大平総裁はなお続投の意思を示し、田中派もそれを支持すると、自民党内は再び深刻な分裂状態となる。反主流派は選挙後まもなく「自民党をよくする会」を結成し、福田を後継総裁候補として大角連合に対峙した。「よくする会」は主流派の会合を開かせまいと党本部ビル内にバリケードを築き、主流派の浜田幸一《はまだこういち》議員がこれを蹴散らすといった茶番劇を、多くの国民が呆れながらテレビ観戦した。

こうして迎えた1979年11月の国会首班指名投票では、きわめて異例なことに、自民党議員の投票先が大平と福田の2人に分かれることになった。衆議院の第一回投票では大平が135票、福田が125票と真っ二つに分かれ、決選投票によってようやく大平が首相に再任されている。この後も人事の問題で紛糾することが予想されたが、桜内義雄《さくらうちよしお》（中曽根派）を幹事長、安倍（福田派）を政調会長に置くなど反主流派に配慮した人選を行い、大平はなんとか新政権をスタートさせた。

以上、1979年衆院選から第二次大平内閣の本格的発足までの自民党内の権力闘争を「四十日抗争」と呼ぶ。同党の内紛も行きつくところまで来た感がある。

ともあれ走り出した第二次内閣であったが、発足の経緯からますます「角影」色が強く見られたこともあり、支持率はかなり低調で、神経を使う政権運営が強いられた。その大平に、新たな難事が次々と降りかかる。国内では１９８０年３月に浜田議員の賭博絡みの不祥事が露見し、野党や与党内反主流派の新たな政権批判の材料となった。

国際的には、１９７９年11月にイランの米国大使館人質事件、12月にソ連のアフガニスタン侵攻があった。これらに対し、大平は日本の旗幟《きし》を明らかにする必要があったが、対イラン禁輸措置、モスクワ・オリンピック不参加を決断し、80年５月のカーター大統領との会談で西側陣営主要国としての責任を果たす旨を伝えている。この外遊は、チトー・ユーゴスラヴィア大統領の死が偶然重なり、急遽《きゅうきょ》欧州を経由することになるなど、首相にとって負担の大きな旅となった。

５月中旬、帰国直後の大平を待っていたのは、社会党による内閣不信任案の提出であった。自民党内反主流派はこれに乗じ、福田・三木をはじめ、多くの議員が本会議の採決を欠席した（なお、「政界の風見鶏《かざみどり》」としばしば揶揄された中曽根は、採決直前になって議場に姿を現し、反対票を投じている）。その結果、社会党にとって必ずしも期待しない事態であったが、内閣不信任案が可決されてしまう。これを受け、大平はただちに衆議院を解散した。世にいう「ハプニング解散」である。総選挙は、参院選と合わせる形で６月22日に実施されることになった。

首相が倒れたのは、参院選公示の当日であった。大平は遊説のあと不調を訴え、入院することとなり、そのまま投票日10日前の6月12日に息を引き取ってしまう。現職総理の死は、1932年の五・一五事件の際以来という非常事態であった。総裁の「殉職」を受けて、それまで内紛に明け暮れていた自民党内では空気が一変し、「弔《とむら》い合戦」の選挙運動に熱が入ることとなった。

史上初めてとなる衆参同日選は、投票率が75％に迫るなど大いに盛り上がり、その結果も衝撃的であった。衆院選では、自民党は284議席を得る圧倒的勝利を収めた。今回の自民党は、農村部はもちろん、都市部でも得票を伸ばした。その分、公明党と共産党は大幅に後退し（それぞれ33、29議席）、社会党も前回並みの107議席にとどまっている。他方、前回惨敗した新自由クラブは12議席を獲得し、全体として保守勢力の復調が印象づけられる結果となった。

自民党は参院選でも大勝し、国会の保革伯仲状況は衆参両院同時に解消されることになった。党内抗争の果てに、大平は、死して自民党「中興の祖」となった。

## 2　いっときの保守復調

### 保守回帰の時代

　１９８０年衆参同日選から87年ごろまでは、戦後史全体の中でも特に安定的な政権運営がなされた時期である。この間、自民党に対する支持率は総じて高く、国政選挙でも（ロッキード判決直後の83年衆院選を除き）同党は大勝している。70年代後半とはまったく異なる景色と言うべきである。

　自民党政権はこの時代、利益誘導により従来の支持層（農家等）を固めただけでなく、自らが生み出した政治的課題を行政改革問題として争点化し、これに取り組む姿勢を示すことで求心力を維持した。マッチポンプ的であるが、党内の「疑似政権交代」により、前政権が残した政策課題を解決する姿勢を見せ、支持を回復しようというのは、自民党のお家芸的な統治手法である。

　他方、この時期の保守回帰現象の構造的背景として、経済学者・村上泰亮《むらかみやすすけ》の指摘した「新中間大衆」の出現を無視することはできない。１９６０～70年代に豊かになった有権者の多くが現状維持志向、あるいは当時の表現にいう「生活保守主義」的感覚を強め、自民党政権に不満を持ちつつも、その継続を望むようになった。野党に政権担当能力がない（と認識されている）状況ではなおさらである。

この有利な情勢の下で、自民党長期支配に伴う悪弊を自ら（ポーズだけでなく）本当に正していくことができるかが、1990年代以降も一党優位を継続できるかの分かれ目となるだろう。この点に注目しつつ、80年代の政治を見ていこう。

## 和の政治

1980年の衆参同日選で大勝した後、自民党内の焦点は、大平正芳の後継総裁選びに移った。長年の派閥抗争に疲弊していた同党内では、円満な話し合いによる総裁選出を求める空気が広がっていた。結果、総裁経験者ら（最高顧問会議）の意見もふまえ、西村英一《にしむらえいいち》副総裁の裁定という形で、大平派のベテラン・鈴木善幸《ぜんこう》総務会長が選ばれることになった。

これまでの自民党総裁と比べ、鈴木はいくつかの点で異色である。彼は、政治家のキャリアを社会党議員としてスタートしており、派閥の領袖でなかった（ただし総裁就任後、宏池会会長を継いだ）どころか、全国的な知名度も高くなかった。ただ、「まとめ役がはまり役」と自認した通り、鈴木は党内の利害調整を得意とする政治家で、挙党体制確立の観点からは他候補より据わりがよかった。総務会長はまさに自民党内の利害調整を行う要となる役職であるが、鈴木はこれを10期も務めていた。

１９８０年7月、新総理総裁に就任した鈴木は、「和の政治」をモットーとし、他の後継候補であった中曽根康弘、河本敏夫《こうもととしお》（三木派を引き継ぎつつあった）を、それぞれ行管庁長官、経企庁長官として閣内に取り込んだ。内閣全体としても派閥均衡的な人事であったが、福田派にわりあい手厚い配慮を見せている。党役員人事では、桜内義雄幹事長、安倍晋太郎政調会長を留任させ、総務会長にロッキード事件の「灰色高官」二階堂進を置いた。二階堂はこの時期、田中派の番頭として影響力を持った政治家で、81年11月からは幹事長に起用されている。

鈴木政権を取り巻く環境は、それまでの三角大福政権と比較して、かなり恵まれたものだったと言える。国会で保革伯仲状況が解消されていたのが大きかったし、与党内の基盤も安定していた。鈴木は旧大平派の中でも特に田中角栄に近かった——それゆえ、大平のとき以上に「角影内閣」「直角内閣」と誹《そし》られた——一方で、田中派以外への配慮も忘れなかった。党内融和を重視する鈴木は、最高顧問会議を頻繁に開き、福田赳夫や三木武夫の不満のガス抜きを行いつつ、慎重に政権運営を進めた。

## 行政改革論の浮上

鈴木首相は、社会党出身という経歴が示すように、自民党内では左派寄りの政治家であった。1980年の衆参同日選後、大勝に浮かれた自民党内では久々に改憲論の盛り上がりがあったが、鈴木はこうした運動に距離を置いている。また、81年5月の訪米時に、首相は「日米同盟に軍事的意味はない」との見解を示して外交関係者をあわてさせたが、この発言には彼の素朴な平和主義がよく表れている。

経済・社会政策においても、鈴木は元来、社会的弱者の救済を旨とし、福祉の充実を目指してきた政治家である。しかし、1970年代の国家財政の悪化を背景に、時代はむしろ自由主義的な「小さな政府」を要請していた。「大平政治の継承」を掲げて発足した鈴木政権では、いやおうなく財政再建、あるいは行財政改革が内政の最重要課題に置かれることになる。特に、一般消費税構想が挫折した以上、目指されたのは歳出中心の改革案、すなわち「増税なき財政再建」であった。

「ものを発想する力は少ない」が「いったん決めたら筋書き通り寸分たがわず実行していく力は大したもの」(『総理大臣・鈴木善幸』)と評された鈴木首相は、前政権から引き継いだこの課題に、愚直に取り組もうとする。結果、1981年度予算では一般会計の伸びが抑えられ、国債発行が縮小された。つづく82年度予算編成では、各省庁の概算要求額を前年度並みとする、前代未聞の「ゼロ・シーリング」が打ち出されている。

さらに、鈴木政権は積極的な行政改革案を得るため、中曽根行管庁長官の主導の下、第二次臨時行政調査会（第二臨調）を設置している。臨調は総理大臣の諮問機関で、かつて池田内閣期にも置かれたことがあった。その役割は、「増税なき財政再建」の具体策を練ることにある。

第二臨調では、会長に土光敏夫《どこうとしお》・経団連名誉会長を置いたことに象徴されるように、財界の意向が色濃く反映され、民間活力（民活）を重視して「小さな政府」を目指す方向が既定路線となった。具体的な議論の対象は年金制度、健康保険制度、公共事業、規制緩和など多岐にわたったが、しだいに3公社（国鉄、電電公社、専売公社）、なかでも国鉄の改革が中心的争点となっていく。国鉄は、健保、コメ（食糧管理特別会計）と並ぶ「3K赤字」の一角とされ、毎年巨額の損失を出し、国家財政の大きな負担となっていた。

### 中曽根長期政権の始まり

鈴木政権期は、政局的には「凪《なぎ》」の時代であった。国政選挙もないまま1982年の秋を迎え、鈴木総裁の任期切れが近づいた。彼の党内基盤はなお安定しており、続投の意思さえ示せば再任される可能性は高かった。しかし、首相は10月、周囲の予想に反して総裁選不出馬の意向を表し、あっさりと身を引く。退任の理由としては、財政再建が思うほど進まず、「84年度赤字国債脱却」の公約が破綻しつつあったこと、内閣支持率が低く翌年の参院選が懸念されたことが挙げられる。鈴木がもう一つ心配したのは、総裁選実施による党内抗争の再燃であった。自らが退くことで円満に後継者が決まるよう彼は望んだ。

もっとも、その後、話し合いではまとまらず、結局は競争的な総裁選が実施された。結果としては、11月の予備選で、鈴木と田中の支援を得た中曽根康弘が首位となり、他候補（河本、安倍、中川一郎《なかがわいちろう》）が本選を辞退したため、そのまま新総裁に決まった。中曽根は、鈴木から見れば行革推進の柱であり、田中からは他の候補より御しやすい「神輿《みこし》」になると見られたのであった。

1918年生まれの中曽根は、東京帝大卒業後、内務省に入り、まもなく軍務に就いている。終戦後、政界に転じた中曽根は、47年衆院選に民主党から出馬して初当選し、以後常に第二保守党系の道を進んで、吉田茂の自由党政権に批判的な立場を採り続けた。政策面では全面改憲論を熱心に唱えており、そのタカ派ぶりから「青年将校」と呼ばれている。その後、自民党の結成を経て、中曽根は60年代半ばに旧河野派の勢力を引き継ぐことになったが、彼の派閥は三木派と並んで比較的小規模であった。それゆえ中曽根（派）は、政局のたびに生き残りをかけ、他派閥との関係をめまぐるしく変えており、「風見鶏」と揶揄された点はすでにふれた。なお、福田とは選挙区（群馬3区）が同じで、激しく競り合う関係にあった。

1982年11月、中曽根は国会で首班指名を受けた。閣僚人事では、後藤田正晴《ごとうだまさはる》官房長官、竹下登《たけしたのぼる》蔵相など20中6ポストを田中派に配分し、さらに無派閥ながら田中に近い秦野章《はたのあきら》（元警視総監）をロッキード裁判判決前にあえて法相に置いた。党人事でも、田中の腹心・二階堂を幹事長に留任させている。

こうした偏重人事は当然、党内外から「田中曽根内閣」「直角内閣」といった批判を招いた。ただ、中曽根から見れば、政策実現のための「仕事師内閣」という積極的な意味合いもあった。実際、行革を進めるうえでは、官僚の抵抗を抑えられる後藤田（元警察庁長官）の起用は理にかなっていたし、田中派に多く含まれた「族議員」（特定の政策分野に精通し、影響力を揮《ふる》う議員）の協力を取り付ける必要もあった。

### 右傾化？

かつての「青年将校」中曽根の首相就任は、自民党内右派にとって待望の出来事であり、逆に左派的な言論人、野党などからは強く警戒された。

実際、中曽根がナショナリストであり、従来の政権より意図的に右寄りの政策を採ろうとしたことは疑いない。1983年1月には早速、レーガン米大統領との会談で、ソ連に対抗して「日本列島を不沈空母のようにする」との趣旨の発言をし、物議をかもした。任期中に何度も行った靖国神社参拝も挑発的であった。特に中曽根は、戦後初めて首相の資格でのいわゆる「公式参拝」を行い、国内外で批判を招いている。防衛費の見直しもまた論争的であった。三木内閣のとき防衛費を国民総生産（GNP）の1％を超えない範囲に抑える方針が閣議決定され、その通り運用されてきたが、中曽根首相は就任当初より再検討を進め、最終的に87年度予算で「1％枠」突破を実現している。

中曽根政権は「戦後政治の総決算」をスローガンとするようになるが、これらの右派的政策は（行革推進とはまた別の意味で）この路線を象徴するものである。それは、戦後憲法体制を固定化させた池田政権以来のニュー・ライト路線へのアンチテーゼであった。

ただ、中曽根の用いたレトリックはともかく、実質的に彼の施策を評価すれば、従来の自民党政権の保守本流路線を大幅に逸脱したと見ることはできない。例えば、防衛費（1987年度）はGNPの1・004％とされたにすぎなかったし、イラン・イラク戦争（80〜88年）の際、米国に求められた自衛隊の海外派遣も見送られている。また、占領改革で導入された諸制度の改廃も進められていない。この面では、中曽根政権が結局、憲法改正にまったく踏み出そうとしなかったことで、自民党内右派を失望させている。

「生活保守主義」志向の強い1980年代の有権者は、現状維持を好んでおり、戦後憲法体制の大きな修正を求めていたわけではなかった。中曽根はこうした民意をよく理解しており、だからこそ政権の長期化に成功したのである。

### 闇将軍の没落

政局の話に戻ろう。1983年6月、中曽根政権下で初めての国政選挙となる参院選が行われた。鈴木内閣期に公選法の改正があり、今回から全国区の代わりに拘束名簿式（各党が事前に用意した名簿の順位に従って当選者が決まる）比例代表制が採用されることになった。結果としては、自民党が68議席獲得と前回（69）に迫る好成績を収め、安定多数を維持している。

二階堂幹事長（とその背後にいた田中）はこのとき、衆院選とのダブル選挙を期待したとされる。1983年秋にはロッキード裁判の判決が予定されており、田中はその前に再選を決めておきたいと考えたのであった。しかし中曽根は、このあまりに独善的な要望（衆院解散）に応じなかった。

10月に下されたロッキード事件一審判決は、はたして田中の収賄を事実と認め、懲役4年、追徴金5億円を科す厳しいものであった。この審判を受け、田中はただちに控訴したが、世論や野党はもちろん、自民党内でも彼に議員辞職を促す声が高まった。中曽根もまた田中に辞職を勧めたが、容れられなかった。野党が収まらず、国会が空転する中、局面打開のために衆院解散が避けられない情勢となった。

総務庁設置法など行革関連法案の成立と引き換えの形で、野党の期待する衆院解散に首相が応じたのは11月末のことである。与党執行部にとって議席減は覚悟のうえであったが、12月に行われた総選挙の結果は予想以上に厳しいものとなった。自民党の獲得議席数は250にとどまり、過半数にも満たなかった。その分、野党で議席を増やしたのは社会、公明、民社の3党である（それぞれ112、58、38議席）。選挙後、自民党は、新自由クラブ（8議席）の田川誠一《たがわせいいち》代表を自治相に迎え、結党以来初めて連立政権を組むことになった。

ただ、ロッキード判決は自民党のイメージを損ねた一方で、中曽根にとって、体よく田中の影響力を削《そ》ぐ好機でもあった。渦中の田中は今回も再選された（むしろ自己最多得票となった）が、中曽根総裁は選挙後、今後「田中氏の政治的影響を一切排除する」との声明を発している。そして実際、第二次内閣発足に伴う人事で、官房長官を後藤田から藤波孝生《ふじなみたかお》（中曽根派）に、幹事長を二階堂から田中六助《ろくすけ》（鈴木派）に代えるなど、「角影」色を薄める姿勢を示そうとした。

この時期になると、かつて「一致結束箱弁当」なる表現で団結ぶりを誇った田中派の内部においても、田中の統制力は弱まりつつあった。そのことが表面化したのが、1984年10

月総裁選時の「二階堂擁立構想」である。中曽根の政策志向や人事に不満を強めた鈴木前首相が、同じく中曽根嫌いの二階堂（84年4月より副総裁）を担いで総裁交代を謀ったもので、この構想には福田・三木元首相のほか、公明党・民社党も新政権に参加する方向で関与していた。計画は結局、田中（中曽根続投が自身の派内外での影響力維持に有利と判断していた）が激しく反対したために頓挫したが、こうした構想が浮上したこと自体、すでに自派内外で田中の影響力が弱まりつつあったことを意味した。

この騒動からまもなく、次期総裁を目指す竹下登（蔵相）とその盟友・金丸信《かねまるしん》（1984年10月より幹事長）を中心に、派閥の主導権奪取を狙った工作が始まる。田中派内では、総裁候補をいつまでも出せない閉塞感から、特に若手の間で不満が募っていた。これに乗じて、竹下らは85年2月、創政会なる「勉強会」を立ち上げ、多くの参加者を集めた。事実上の派中派形成で、領袖に対する明らかな反逆であった。

田中が脳梗塞で倒れたのは、創政会の旗揚げからわずか20日後のことであった。一命はとりとめたものの予後が悪く、田中は事実上、政治活動から身を引くこととなる（ただし代議士職は1990年まで務めている）。「闇将軍」と呼ばれた田中が自民党に、そして政界全体に裏から権力を行使した時代は、こうして幕を閉じた。

ウイリアムズバーグ・サミットでの中曽根康弘（右から2番目）（1983年5月、時事通信フォト）

## 中曽根行革

中曽根政権は田中派の傀儡《かいらい》と見られがちであった一方（というより、むしろそれゆえに）、首相は、自身に対する国民の直接的な支持をエネルギーとして政権持続を図ろうとした。

大衆の人気を集めるために、首相は自身のリーダーシップを分かりやすく演出して示す必要がある。外交はそのための格好の舞台で、中曽根は経済大国の指導者として、先進国首脳会議（サミット）などで、各国のリーダーと堂々と渡り合う姿を国民に見せようと常に腐心した。

内政面でも、「大統領的首相」を目指した中曽根は、多くの私的諮問機関を設け、官邸主導の立案を推進しようとしている。折しも時代の争点は行政改革で、なかでも3公社民営化問題は国民の関心も高く、首相の指導力をアピールするための絶好のテーマであった。中曽根内閣はこの課題に積極的に取り組み、まず比較的反対の少なかった専売公社と電電公社の民営化法案を1984年中に成立させた。

残るは国鉄である。巨額の赤字を垂れ流し、サービス面の評判も悪かった国鉄の改革は、多くの国民の期待するところであったが、国鉄内では労使を問わず激しい抵抗があった。しかし抵抗が強ければこそ、リーダーシップを示すために、首相は改革を推進しなければならない。中曽根内閣は国鉄再建監理委員会（第二臨調の答申に基づき設置された機関）が提示した分割民営化案を尊重し、改革に非協力的な国鉄首脳を更迭するなど準備を重ね、１９８５年12月召集の通常国会に国鉄改革関連法案を提出した。その後、86年７月の衆参同日選における自民党圧勝（後述）が決定打となり、11月に法案は成立（自公民賛成、社共反対）することになる。ＪＲ７社の発足は87年４月になった。

ここで見逃してはならないのは、国鉄改革に、財政再建策の一環というだけでなく、社会党＝総評ブロックに打撃を与える意図が含まれていた点である。国鉄内最大の組合である国労は総評の主力団体でもあり、国鉄当局からも自民党からも長年、目の敵にされていた。そうした経緯から、民営化に際して、国労組合員は狙い撃ち的に新会社への採用から排除されようとした。そのため国労内は大いに動揺し、大量の脱退者を出すことになる。結果、１９８３年時点で24万人の組合員数を誇った国労が、87年初頭には６万人程度にまで小規模化し、力を失った。このことは、その後の総評と社会党の存立にとって重大な意味を持った。

## 「86年体制」の成立？

国鉄解体を決定づけた1986年衆参同日選は、中曽根長期政権のピークを飾り、保守回帰の時代全体を象徴する政治イベントである。このダブル選挙は、首相の明確な政治的意思によって実現した。86年5月の東京サミットを無事に終えた中曽根は、7月の参院選に合わせる形で解散総選挙を行い、これに勝利することで総裁任期（当時の自民党規約では2期4年までとされていた）の延長に道筋をつけようと考えたのである。

ただ、衆院解散はいささか強引に行われた。5月下旬に定数是正のための公選法改正が行われたが、新制度の周知期間を置く必要があるため、日程的に同日選は難しいと見られていた。ところが中曽根は、公選法改正から10日後に突如、臨時国会を召集し、伝家の宝刀たる衆院解散権を行使した。与党内でさえ後藤田（1985年12月に再び官房長官に就いていた）ら数人以外、中曽根の意向を事前に知らされておらず、この意表を突いた動きは「死んだふり解散」と呼ばれた。

1986年7月のダブル選挙は、自民党の地滑り的勝利に終わる。衆院選について見ると、自民党は300議席を獲得し、60年代の議席占有率にも迫る圧勝を収めた。その分、大きく割りを食ったのは社会党（85議席）と民社党（26議席）で、特に前者は55年の左右統一以来最悪という悲惨な結果となった。また、保守系野党の新自由クラブも埋没し、6議席しか得られなかった。同党は翌月に解散し、大半の議員が自民党に「出戻り」することになる。

こうして７月下旬に第三次中曽根内閣が発足し、自民党内では総裁任期の１年延長が合意された。狙い通りの結果を得た中曽根は、55年体制に代わり、「86年体制」が始まったと豪語している。たしかに、自民党の議席数は圧倒的で、野党は細切れに分断され、なおかつその一部は与党寄りのスタンスを採っていた（後述）という意味で、自民党政権は成立以来、最も盤石となったように思われたのも無理はなかった。

しかし実際には、この時点から自民党が参議院の過半数を割る惨敗を喫するまで、３年しかないのである。１９８６年同日選における自民党の大勝利は、「左にウイングを伸ばした」と中曽根が分析してみせた通り、従来の保守的支持層とは異なる有権者の票を集めた結果であった。自民党政権が行革への取り組みを見せるなどして、都市部無党派層からの支持を得たということである。しかし無党派層は移り気であり、その支持を定着させるのは容易でない。このことは、87年に浮上した税制改革問題で、中曽根自身早くも身をもって教えられることになる。

中曽根が述べたように、55年体制はたしかに終わろうとしていた。しかしそれは、自民党支配の再強化どころか、政界全体を揺るがす激動の時代の幕開けを意味したのである。

## 3　社会党＝総評ブロックの蹉跌

### 江田の離党と死

ここで、1970年代中葉から中曽根政権期にかけて、野党陣営でどのような動きがあったのかをまとめて見ておく。

まず、社会党の内部対立についてである。1970年に確立した成田知巳委員長・石橋政嗣書記長体制は、左派の佐々木派・協会派に支えられていた。ところがその後、最左翼の協会派が党内で勢力を拡大させると、右派はもちろんのこと、佐々木派からも警戒感を持たれるようになる。74年12月党大会の時点で、協会派は代議員のほぼ半数を占めるまでになっていた。同大会で、佐々木派は協会派を牽制《けんせい》すべく、仇敵の江田三郎に接近して連合を組み、なんとか彼を副委員長に就けた。

江田は、党の路線転換と「社公民」連携の実現に、依然として執念を燃やしていた。執行部に返り咲いた江田は1976年2月、公民両党幹部らと政策研究グループ「新しい日本を考える会」を発足させ、関係を強化しようとする。この動きに対し、社会主義協会は案の定、猛反発した。77年2月の党大会は、宗教裁判の様相を呈し、江田は「狂信の徒」――彼は協会派をこう呼んだ――から口汚く罵倒《ばとう》されることになる。

江田が単身離党に踏み切ったのはその直後、１９７７年3月のことである。彼は、夏に行われる参院選に向けて、社会市民連合（翌年に社会民主連合と改称）の設立を表明した。60年代初頭から延々と党内抗争に明け暮れたうえでの、69歳の決断であった。しかし、彼に残された時間はほとんどなかった。新党結成準備に奔走する中、5月、劇的にも江田は病死してしまう。

## 現実路線への模索

江田の残した新党が大きな政治勢力に成長することはついになかった。しかし、単身とはいえ、一派を長年率いた有力者の脱党は、社会党内を大いに動揺させることになる。

１９７７年7月の参院選で案の定、27議席どまりという敗北を喫すると、社会党内では、江田を離党（と死）に追いやった協会派に対する風当たりが一気に強まった。その結果、成田執行部もようやく規制に乗り出し、社会主義協会は（表立った）政治活動の自粛に追い込まれる。その後、9月の党大会で、国会議員に代議員資格を与える（それまでは自動付与ではなく、これが非議員である協会派代議員の跋扈《ばっこ》を許す一因になっていた）、綱領的文書「日本における社会主義への道」を見直す、派閥を解消するといった改革方針が決定された。

つづいて飛鳥田一雄委員長（1977年12月就任）、石橋委員長（83年9月就任）の時代になると、各種選挙の不振が続く中、路線転換はさらに本格化していく。特に石橋体制下では、総評にも促され、政権担当能力があることを証明するという、「ニュー社会党」路線が目指された。

その最大の成果が、1986年1月党大会における「日本社会党における新宣言」採択である。「新宣言」は、従来の左翼教条主義的な綱領や「道」を棚上げする、すなわちマルクス・レーニン主義から脱却して、複数政党制を認め、西欧型の社会民主主義政党を目指そうとする画期的なもので、左派の反対論も強い中、なんとか採択にこぎつけた。高度成長期をとうに越え、バブル景気に入ろうとしていたこの時期、野党第一党の社会党はようやく革命路線を公式に放棄したのであった。

以上の過程で、総評の圧力が果たした役割は大きい。総評執行部は、1975年の春闘（毎年春に企業横断的に行われる賃金交渉）およびスト権ストでの敗北以降、新たな方向性を模索していた。この時期、民間労組はナショナルセンター統一に向けて動いていたが、総評もこの流れに乗ろうとし、そのために社会党＝総評ブロック全体として左派路線からの転換を図ったのである。

もっとも、社会党のもう一つの党是であった非武装中立論については、石橋体制下でも見直されたわけではなく、タカ派的とされた中曽根政権に対抗する観点から、スローガンとしてむしろ強調されたほどであった。この面では、１９８４年に自衛隊の「違憲・法的存在」論（自衛隊は違憲だが国会の決定に基づき法的に存在している、とする）を打ち出したのが、同党として最大限の現実主義的転換であった。

このように、石橋は彼なりにかなり大胆な党改革を行ったが、その取り組みがなお中途半端で、そもそも遅きに失したものであったことは、１９８６年衆参同日選における社会党の歴史的大惨敗で明らかとなる。「ニュー社会党」の訴えは国鉄改革に夢中の無党派層に響かず、頼みの官公労も組織を弱め、集票力を落としていた。

選挙後、石橋執行部は退陣することになり、１９８６年9月、土井《どい》たか子《こ》が新委員長に選出される。男女雇用機会均等法が施行されたばかりの当時、党首の座に女性を置いたことは、きわめて大胆で、たしかに清新な印象を国民に与えた。土井は派閥に属さず、労組とのつながりが薄かった点でも、党のイメージに変化をもたらしうる人物であった（もっとも、護憲平和主義を強く信奉した点では、元憲法学者の土井はむしろ典型的に「社会党らしい」政治家であった）。土俵際まで追い詰められた社会党は、おそらく最後になるであろう再建への取り組みとして、この女性委員長に命運を託すことになった。

## 社公民から自公民へ

1970年代以降、社会党内の路線対立の焦点の一つとして、中道政党と共産党のどちらと提携するか（社公民路線か全野党共闘路線か）という問題があったことは前章でふれた。70年代後半になると、保革伯仲が進む中で、社会党だけでなく、自民党からも「部分連合」（政策ごとの協力）に向けた秋波が送られ、中道政党がキャスティングボートを握ることになる。ここで、70年代後半から中曽根政権期にかけての、民社党・公明党の動きをまとめて見ておこう。

まず民社党は、春日一幸《かすがいっこう》委員長の指導の下、1970年代後半に入り、反共姿勢を一層露わにし、日米安保条約を評価する方向に転じるなるなど、右傾化の度を強めた。防衛政策では80年に政府提出の防衛関係二法に賛成し、ついには防衛費GNP1%枠撤廃を要求するなど、「自民党より右」とさえ評されるようになる。

民社党は、鈴木・中曽根政権の進めた自由主義的改革にも総じて肯定的で、国鉄分割民営化も賛成している。この背景には、支持団体である民間大企業労組（同盟系労組）の意向があった。第二次石油ショック以降、経営陣と協力して「血のでるような減量」に取り組んできた民間労組は、「親方日の丸」の下で赤字経営を続けた国鉄に厳しい態度を取った。

公明党もまた、1970年代後半に右旋回した。公明党は、もともと民社党に比べれば社会党に近い政策的立場を採ってきた（特に70年代前半にかなり左傾化したことがある）が、78年には自衛隊の存在を容認し、民社党と歩調を合わせて自民党との提携に意欲を示すようになる。79年東京都知事選における保守系候補（鈴木俊一）の自公民推薦実現はその成果である。

ただし、1980年前後には、社会党も現実主義化を図っていた関係で、社公民連携の道はなお閉じていなかった。社会党は特に公明党への接近を図り、80年1月には「連合政権構想」に合意するところまで進んでいる。さらに、公明党を橋渡しにする形で、民社党も選挙協力の枠に引き込み、6月の衆参同日選に臨んだ。

しかし、この同日選以降、社公合意は空洞化し、自公民の接近が鮮明になっていく（二階堂擁立構想における公民両党の関与はその表れである）。その原因は、同日選が自民党大勝に終わったこともあるが、根本的には社会党と中道政党の政策的距離の大きさにあった。「防衛庁長官の任命や防衛予算の編成がいちいち違憲では、社会党と連合政権は組めない」（矢野《やの》絢也《じゅんや》公明党書記長）と公民両党は見ていた（朝日新聞1983年12月21日付）。

かくして社公民路線は頓挫したが、この路線を目指した結果、社会党は共産党からも非難される始末となった。1986年の衆参同日選における歴史的大敗は、孤立した社会党が迎えた、必然とも言える帰結であった。

## 4　終わりの始まり

### 中曽根退陣

１９８６年衆参同日選に圧勝し、いよいよ盤石となったかに見えた自民党支配体制であったが、中曽根政権末期にはすでに綻《ほころ》びが生じようとしていた。

この体制の弱点の一つは、やはり財政赤字問題であった。中曽根政権は３公社民営化や福祉政策の見直し（老人医療有料化など）を行い、歳出全体の伸びも比較的小さく抑えたとはいえ、国債残高はなお累増していた。大蔵省は行革の進展に満足せず、依然として大型間接税の導入に執念を燃やしていた。

中曽根首相も、同日選圧勝の余勢を駆り、最後のレガシー作りとして、税制改革に積極的に取り組むようになる。内閣が売上税導入を含む税制改正法案を国会に提出したのは、１９８７年２月のことである。

従来の直接税（所得税）中心の課税方式は、所得の正確な捕捉が困難な旧中間層（農家、自営商工業者等）に有利であると指摘されてきた。したがって、間接税である売上税の導入と、それに伴う直接税の引き下げは、都市部の新中間層（サラリーマン世帯）が望むところであるとの希望的予測があった。

ところが、売上税構想は、旧中間層は言うに及ばず、あらゆる有権者層から反発されることになる。内閣支持率は急降下し、３月には2割台（時事世論調査など）にまで落ち込んだ。ここまで政権批判が強まったのは、中曽根が前年の同日選の際、間接税導入を否定する趣旨の発言をしており、公約違反と見なされたためである。政府への信頼を欠く中では、新税導入論はどのようなものであれ不人気にならざるを得ない。

こうした状況に、野党だけでなく、与党内からも新税導入に反対の声が上がるようになる。結局、３月の参院補選、４月の統一地方選における自民党敗北を経て、売上税法案は5月に廃案となった。他方で、配偶者特別控除導入を含む所得税法等改正案は9月に成立し、減税が「先食い」されている。

ともあれ、一連の騒動が落ち着くと内閣支持率は回復を見せ、１９８７年秋にはほぼ1年前の水準に戻った。後継総裁を指名できるだけの党内影響力を残しつつ、中曽根は10月の総裁任期満了を迎える。５年にわたる長期政権の終幕である。

### 消費税とリクルート

「三角大福中」の時代が終わり、中曽根総裁の後任には、ニューリーダーと呼ばれた安倍晋太郎総務会長、竹下登幹事長、宮澤喜一蔵相の３人が有力候補に挙がっていた。１９８６年衆参同日選後、安倍は福田派（清和会）を、宮澤は鈴木派（宏池会）をそれぞれ引き継ぎ、87年7月には、竹下が田中派を割って一派（経世会《けいせいかい》）を旗揚げしていた。骨肉の争いを繰り広げた先代世代に比べ、「安竹宮」の関係は悪くなかった。特に竹下と安倍は親しく、先代の田中・福田関係とは大違いであった。３人は話し合いを行い、結局、次期総裁について中曽根に裁定を仰ぐこととした。

**安倍晋太郎、竹下登、宮澤喜一（左から）**（1987年10月、読売新聞社）

中曽根が指名したのは、竹下であった。竹下は１９２４年に生まれ、島根県議を経て58年衆院選から国政に転じている。その後、佐藤・田中内閣で官房長官を任され、大平・中曽根内閣では長く蔵相を務めた。典型的な調整型政治家で面倒見がよく、与党内だけでなく、野党議員や官僚にも広く顔が利いた。こうしたキャリアや政治家としての特質が、税制改革の実現に適していると中曽根は見たのであろう。

竹下内閣は1987年11月に発足した。竹下派（会長は便宜上、金丸信に交代した）は当時、党内最大派閥である。その上、竹下は潜在的なライバルである安倍を幹事長、宮澤を副総理兼蔵相に遇し、「総主流派体制」を築き上げた。首相は、困難な政策課題にも取り組める強固な政権基盤を手にした。

1988年に入ると、税制改革問題について竹下が持ち前の調整力を発揮し、関係業界団体の懐柔と、野党の論議への引き込みに成功する。こうした準備のうえで、政府は、7月召集の臨時国会に消費税導入を含む税制改革関連法案を提出した。その後の国会審議は当然難航したが、最終的に法案は、11月に衆議院を、12月に参議院を通過し、成立する。政府案には全野党が反対であったものの、民社党と公明党は修正協議に応じようとするなど、柔軟姿勢も示した。他方、社会党と共産党は――左派政党は本来「大きな政府」を志向するべきはずだが――一切の交渉を拒否し、徹夜の牛歩戦術で徹底抗戦した。

消費税法案の審議が難航したのは、法案それ自体が論争的だっただけでなく、リクルート事件という大スキャンダルが露見し、その追及が同時進行的に行われたためでもあった。同事件は、新興企業のリクルートが、子会社の未公開株を政財官界に広く譲渡していたという疑惑で、1988年6月の新聞報道から火がついた。

株譲渡のほか政治献金やパーティ券購入といった手段で、リクルートから資金提供を受けたとされた国会議員は40名を超える。この中には中曽根前首相をはじめ、閣僚経験者、派閥領袖クラスが軒並み含まれ、ニューリーダー3人も例外ではなかった。関与者の多くは自民党議員であったが、社会党、民社党、公明党の議員も一部含まれている。そしてこれだけ疑惑が広がる中で、起訴された国会議員は2人にすぎなかった。

この顚末に、国民の政治不信は頂点に達した。新税の負担を課そうというときに、政治家や官僚の「濡れ手で粟」が発覚したのであるから、国民が怒るのも無理はなかった。こうして、消費税導入とリクルート事件を契機に、政治のあり方の抜本的な見直し、すなわち「政治改革」が時代の一大テーマに浮上することになる。

### 「日本問題」の浮上

竹下内閣を苦しめたのは内政問題だけではなかった。政府は1988年6月、米国との間で牛肉・オレンジの輸入自由化を合意しており、これが農家を伝統的支持層とする自民党にとって痛手になった。米国はさらに、国内で「聖域」とされてきたコメの開放も求めており、政権を苦しい立場に立たせた。

農産物自由化への強い圧力は、経済大国として存在感を増し、いまや「脅威」と見なされるようになった日本に対する米国の対抗策の一環として捉えられる。1970年代以降、日本は欧米諸国に対し、自動車、半導体といった工業製品の「集中豪雨的輸出」を行い、貿易黒字を積み上げていた。これが各国産業に対する破壊活動と見なされ、日本異質論（日本社会・文化への違和感）とも結びついて、国際的な非難を招くようになった。「日本問題」（K・ウォルフレン）の浮上である。

中曽根政権期になると、日本政府は事態収拾に追われるようになる。1985年9月には、米国の呼びかけでいわゆる「プラザ合意」が結ばれ、円高ドル安誘導が行われた。また86年4月には、「前川《まえかわ》レポート」（元日銀総裁・前川春雄《はるお》を座長とする首相の私的諮問機関がまとめた報告書）が発表され、10年で430兆円の公共投資を行うといった内需拡大策が示された。しかし、それでも貿易不均衡は十分に是正されなかった。

この状況に、米国では対日強硬論が高まり、1987年4月にはPC、テレビ等に報復関税を課すという制裁が発動されている。さらに89年5月、日本は米通商法スーパー301条に基づく「不公正貿易国」に認定され、両国関係はきわめて緊迫した。当時の外務省幹部は、日米同盟の「終わりの始め」が来たと感じたという（『大国日本の政治指導』）。

以上のような文脈があり、竹下政権期には、従来の手厚い農業保護政策は（財政面もさることながら）国際関係の観点から維持困難となっていた。米国との経済摩擦は、日本の経済大国化に伴う副産物と見なせる。皮肉なことに、自民党政権はその「成功」によって、自らの基盤を掘り崩しつつあった。

### 山が動く

1989年4月、リクルート問題で政治不信を招いた責任を取り、竹下首相が退陣の意向を表明した。その後、自民党の後継総裁選びは難航したが、結局、竹下の主導で中曽根派のベテラン・宇野宗佑《うのそうすけ》に決まった。宇野は竹下内閣の外相であったため政策の継続性を打ち出せることもあったが、何よりリクルート問題に絡んでいなかったという点が、消極的ながら決定的に重要な選出理由であった。

ところが、6月の新内閣発足直後に宇野首相の女性スキャンダルが報道され、リクルートとは別の理由で政権与党のイメージは悪化した。対する社会党は、土井たか子を党首に置き、「マドンナ作戦」と称して、女性候補を多く参院選に擁立していた。

消費税導入、リクルート問題、牛肉・オレンジ自由化、不人気の首相と、これ以上ないマイナス材料を抱えた状態で、自民党は7月の参院選を迎えた。その結果は劇的なものとなった。自民党の獲得議席は36と前回（72）の半数に落ち込み、比例絶対得票率で見ても25・6％から17・1％へと大幅に低下した。特に同党は1人区（人口の小さい県）で3勝23敗と惨憺《さんたん》たる結果に終わり、従来、金城湯池《きんじょうとうち》としてきた農村部での退潮が目立った。対する社会党は46議席（比例絶対得票率21・9％）を獲得し、国政選挙で初めて自民党を上回る戦果を挙げた。

この選挙の結果、自民党は参議院で過半数議席を割り、「ねじれ国会」状況となった。投票日の翌日、就任してまだふた月に満たない宇野首相が退陣の意思を表したのも、やむを得ないことであった。

他方、社会党の土井委員長は、この選挙結果を「山が動いた」と表現し、同党の歴史的大勝利を誇った。もっとも、社会党にとってこの結果はむしろ「勝ちすぎ」であったと見るべきかもしれない。同党に投票が集中した分、他の野党は議席を減らしていた。じつはこの参院選に向けて、労働団体の意向を背景に、社公民３党の間で（１９８０年以来）久々に共闘関係が結ばれていた。しかし、その結果は（80年の際と同じく）公明党、民社党にとって満足できるものにならず、これ以降、両党は再び社会党と距離を置くようになる。

### 昭和の終わり

１９８９年は、55年体制の「終わりの始まり」の年と見なせる。あるいは、本書の用語でいうところの、「実質的意味の55年体制」終焉の年にあたる。同年１月に昭和天皇が崩御したが、奇しくも、改元とともに日本政治は激動の時代に入るのである。７月の参院選における自民党の大敗は、その一つの表れにすぎない。

　日本政治が流動化へと向かう内発的な要因、あるいは自民党支配体制の構造的な矛盾や課題についてはすでに説明してきた。利益政治に伴う財政悪化や金権体質をいかに改めるか、大国化に伴う国際的責任をいかに果たしていくか。１９９０年代に入ると、自民党内においてもこれらの課題が深刻に捉えられ、「守旧派」と「改革派」に分断されることになる。そして自民党政権は、その亀裂からやがて自壊するであろう。

　他方で、革新政党の基盤も急速に弱体化しつつあった。１９８９年6月の天安門《てんあんもん》事件は社会主義国・中国への信頼感を国民から失わせ、11月にはベルリンの壁崩壊、12月には米ソ首脳の「冷戦終結」宣言（マルタ会談）があり、いよいよ東側陣営の解体が現実化していく。国内では11月に総評がついに解散し、民間労組主導の下、新たなナショナルセンター・日本労働組合総連合会（連合）が発足した。社会党＝総評ブロックの、文字通りの終焉であった。社会党にとって、参院選の勝利がいっときの夢にすぎなかったことは、この後まもなく明らかとなる。

# 第4章　改革の時代

本書では、1990年代から2000（ゼロ）年代までを「改革の時代」と呼ぶ。この時代、55年体制期に確立した政治経済システムの変革が課題とされ、政治家たちは「真の改革者」の地位をめぐって競争し、離合集散を繰り返した。

政治改革運動を高揚させた直接的な契機は1980年代末のリクルート事件であったが、政治腐敗の問題以外にも、自民党政権の経済・社会政策の非合理性、またその是正に必要な政治的リーダーシップや政権交代の欠如といった弊害が以前からすでに指摘されていた。さらに90年代に入ると、バブル崩壊や大震災、テロ事件といった国家的危機が続発する中で、首相の指導力強化や経済構造改革が一層求められるようになる。

本章で扱う１９９０年代から２０００年代前半の日本政治では、「体制改革」が時代の争点となったことで、往年の防衛政策を中心的争点とした保革イデオロギー対立は後景に退くことになる。言い換えると、政治的対立の重心が、「保守陣営対革新陣営」の戦いから、「守旧派対改革派」の戦いへと移ったのである。90年代前半における自民党の分裂、自社両党の連立政権樹立、世紀転換期における自民党・改革派政権の誕生、改革派野党の巨大化といった現象は、すべてそうした文脈の下に理解できる。この間、有象無象の新党が生まれ、消えていったが、今日的観点から重要なのは、以上の大きな構図の変化をつかむことである。

なお、保革対立が弱まるにつれ、１９９０年代以降、マスコミ等で「革新」という用語が政治的左派という意味で使われることはほとんどなくなっていく。革新的な政治家や政党も、自身の立場を「リベラル」と称することが多くなった。本書でも以降、「リベラル」をこの意味で適宜使っていくこととする。

## 1　55年体制の崩壊

### 竹下派支配

海部俊樹（右）と土井たか子（1989年8月、時事）

1989年7月の参院選後、自民党では宇野宗佑総裁の後任を決めるため、国会議員・都道府県連代表の投票による総裁選が実施されることになった。候補者には海部俊樹《かいふとしき》（河本派）、林義郎《はやしよしろう》（二階堂グループ）、石原慎太郎《いしはらしんたろう》（安倍派）の3人が立った。宇野政権の後見役であった竹下派（経世会）は今回、独自候補擁立を避けたが、数に優る同派はあいかわらず事実上のキングメーカーであった。総裁選は、竹下派の支持を取り付けた海部の圧勝に終わる。

1989年8月、海部内閣が発足した。海部は当時、当選回数こそ10回（初当選は60年）と十分だったが、閣僚経験は文相のみで、党三役（幹事長、総務会長、政調会長）の経験もなかった。竹下派としては、宇野総裁に続き、他派閥ではあるが、「軽い神輿」を担ぐことで実権を握ろうとしたのである。

事実、新政権の人事は竹下派の独壇場となった。同派は蔵相（橋本龍太郎《はしもとりゅうたろう》）を含む、5つの閣僚ポストを得ている。自民党役員人事では、やはり竹下派の小沢一郎《おざわいちろう》が47歳という若さで幹事長に就いた。金丸信・経世会会長の庇護《ひご》を得ていた小沢は、この時期に実力者として台頭し、その後「改革の時代」を通じて政局のキーパーソンであり続けることになる。

このように、海部内閣は事実上、竹下派の傀儡政権として誕生した。宇野政権からの、「二重権力構造」の継続である。ただ、「クリーン三木」の弟子として、海部本人も清廉さを売りとし、スキャンダラスな竹下・宇野総裁の後釜として適任ではあった。この点、師の三木武夫がスキャンダラスな田中角栄総裁の後を継いだ経緯と似たところがある。海部は初の昭和生まれ（当時58歳）の首相で見た目も若く、自民党の政治家としてはさわやかな印象を国民に与えた。また女性2人を閣僚に起用し、うち森山真弓《もりやままゆみ》を内閣の顔となる官房長官に就けるなど、清新なイメージ作りに努めた。こうした戦略も功を奏したか、発足当初こそ低めだった内閣支持率は徐々に上向いた。

支持率の安定を見て、海部首相は１９９０年1月、衆議院を解散した。来る総選挙を、野党は「消費税廃止選挙」、与党は「体制選択選挙」と位置づけた。自民党の狙いは、東欧社会主義国の崩壊を目の当たりにしていた有権者に対し、自国で「社会主義政権」誕生の危険性があることを意識させようとしたものである。

衆院選は2月に行われた。結果、自民党の獲得議席数は２８６で、地滑り的勝利を収めた前回（１９８６年）衆院選には及ばないものの、歴史的大敗となった前年の参院選を考えれば御の字と言える成績であった。政権交代のかかる衆院選では、やはり唯一政権担当能力を持つ（と大方の有権者から認識されていた）自民党が強さを見せた。

野党の中では、前年の参院選ほど劇的ではなかったものの、社会党がやはり好調であった。同党の獲得議席数は136で、これだけを見ると1960年代中ごろの数字にまで戻している。土井たか子委員長の人気は健在であった。これに対して、公明党、民社党、共産党は前回よりも獲得議席を減らしている。中道2党と社会党には、労働団体の連合から連携強化の呼びかけがあったが、安保政策の違いがやはりネックとなり、3党の関係が改善されることはなかった。

### 湾岸危機の衝撃

国内的には大きな選挙を乗り切った海部政権であったが、この後は相次ぐ国外からの「横からの入力」（佐々木《ささき》毅《たけし》）への対応に追われることになる。

一つは、貿易摩擦問題に関する外圧のさらなる高まりである。米国は、日本の政治経済システムのあり方そのものが貿易不均衡の根本要因であるとし、その是正を焦点とする日米構造協議が、1990年前後に行われることになった。ここで非関税障壁の代表として問題となったのが、大規模小売店舗法（大店法）の存在であった。74年に施行された同法は、デパートや大手スーパーの出店を規制する政策であったが、結果的に外国資本の日本進出を妨げ、外国製品の輸入障壁として機能しているとして、ブッシュ政権は自由化を要求した。協議の結果、大店法規制は緩和されていくことになる。中小商店を保護する大店法は、農家に対する農産物保護政策と同じく、自民党の伝統的な支持基盤の利益を守るための政策であった。55年体制を支えてきた自民党の集票システムは、外圧により、危機に瀕したのである。

さらに、1990年8月に勃発した湾岸危機が政権を大いに揺るがした。イラクによるクウェート侵攻に対し、米国を中心とする国際社会は一致して即時撤退を求め、中東に軍を派遣してフセイン政権に圧力を加えた。この過程で、経済超大国であり、中東の石油に依存する日本にも当然、相応の貢献が求められたが、特に米国から自衛隊派遣が要請されたことが政府を悩ませた。諸外国のジャパン・バッシングが盛んな時期のことで、国際秩序への「ただ乗り」はとても許されない状況であった。

米国の要請を受け、かねてから貿易交渉の矢面に立ってきた小沢幹事長ら政権中枢は、目に見える形での貢献を目指した。他方、国会では自衛隊の合憲性についてさえ合意がなく、大方の議員にとって紛争地域への部隊派遣など想定外のことであった。板挟みとなった海部政権は、多国籍軍側への小出しの資金提供でお茶を濁しつつ、自衛隊派遣を可能にする国連平和協力法案を急ごしらえで作成し、10月に国会に提出した。しかし、この生煮えの法案には与党内においてさえ異論があり、首相が成立に向けて強いリーダーシップを示すこともなく、簡単に廃案になってしまう。国民の多くもこの時点では自衛隊の海外派遣に慎重で、内閣支持率も急落した。

こうして海部政権が右往左往するうちに、1991年1月、ついに多国籍軍がイラク攻撃を開始し、2月中には事実上の決着となった。日本は最終的に130億ドルという巨額の資金を提供している。しかし、人的貢献に消極的であった日本に対し、国際社会の視線は厳しかった。3月にクウェートがワシントンポスト紙に出した感謝広告において、日本の貢献に一切言及がなかったのは象徴的であった。

以上の顚末は「湾岸のトラウマ」として統治エリートに記憶され、その後長く影響を残すことになる。一つには、湾岸危機を契機として、政府・与党内で軍事的国際貢献の必要性が強く認識され、実際に安保政策が転換されるという直接的な影響があった。早くも1991年4月、政府は海上自衛隊掃海部隊のペルシャ湾派遣に踏み切っている。停戦後のこととはいえ、きわめて大胆で、画期的な決定と言うべきである。また、自民党は公明党・民社党と協議しつつ、国連平和維持活動（PKO）協力法案の作成に着手した。

湾岸危機によるもう一つ重要な影響は、「決められない政治」という日本の弱点を統治エリートに痛感させたことである。冷戦が終わり、国際秩序が流動化する中で、自国の立場を明確に打ち出し、国益追求に向けて指導力を発揮できるような権力核を創り出す必要がある。

こうした認識の広がりは、もともと政界浄化を目的として沸き上がった政治改革運動に、新たな意味づけと推進力を与えていくことになる。すなわち、従来の政治資金制度（企業・団体による政治家個人への多額の献金を認める）や中選挙区制は、政治腐敗の元凶であるだけでなく、大政党の派閥分断を招き、政党執行部・政権中枢のリーダーシップを阻害しているという意味でも改められるべき、と見なされるようになる。

### 政治改革運動の展開と挫折

政治改革問題はこの後、政局の焦点であり続け、自民党政権を苦しめ続けることになる。必ずしも不人気ではなかった海部首相を退陣へと追いやったのも、まさにこの問題であった。

少し時計の針を戻すと、リクルート事件発覚後、危機感を強めた自民党が党内で改革案を検討し、1989年5月に「政治改革大綱」を発表している。そこでは政治資金制度改革はもちろん、「多額の政治資金の調達をしいられる政治のしくみ」そのものが政治倫理問題の根底にあるとして、選挙制度改革も提案された。また中選挙区制は、与野党の勢力を「永年固定化し、政権交代の可能性を見いだしにくく」させており、「政治における緊張感」を取り戻す意味でも――自民党は現行システムにおける勝ち組であったにもかかわらず――見直されるべきとされている。この「大綱」が発表された翌月には、選挙制度審議会（第八次）

が発足し、いよいよ新制度の具体案が政府内で詰められていく。

政権人気を保とうとした海部首相は政治改革に熱心で、経世会もこれを後押しした。とりわけ1991年4月まで幹事長を務めた小沢は、自民党内改革推進派の筆頭でもあり、海部政権による改革実現を促している。こうして、小選挙区比例代表並立制の導入を含む政治改革関連3法案がまとめられ、91年8月召集の臨時国会に提出された。

ところがこの時点でもなお、自民党内では多くの議員が選挙制度の変更に消極的であった。また竹下派主導の改革推進への反発も、山崎拓《やまさきたく》、加藤紘一《かとうこういち》、小泉純一郎《こいずみじゅんいちろう》（通称「YKK」）ら中堅クラスを中心に高まり、党内の亀裂が深まりつつあった。こうした状況で、政治改革法案は衆議院の特別委員会で審議されたが、結局、首相の事前了解もないまま9月に委員長判断で廃案とされてしまう。

これに対し、あくまで改革実現を目指す海部首相は「重大な決意」で事態打開に当たると述べ、解散総選挙の実施を示唆したが、この強気の姿勢が政権の命取りになった。解散総選挙には自民党内の大勢が反対で、ついには竹下派も孤立を避け、「海部おろし」の側に回ったのである。こうして解散断念に追い込まれ、それどころか、最大派閥から梯子《はしご》を外された海部は、10月の自民党総裁選で再選される見込みさえ失った。

なおこの間、社会党においても（例のごとく）内紛が生じ、党首が退任に追い込まれている。1991年4月の統一地方選で惨敗したことをきっかけに、もともと党内基盤が弱く、選挙用の「顔」でしかなかった土井委員長が引きずり降ろされ、田辺誠《たなべまこと》（旧江田派）に党首の座を譲ることになったのである。しかし、この党首交代に89年参院選以降下がり続けていた社会党支持率を反転させる効果はなく、むしろ自民党に政治改革実現より党内政局を優先させる余裕を与えた。

## 宮澤「本格政権」の発足

1991年10月初旬、海部首相が退陣を表明し、政局の焦点は自民党総裁の後継争いへと移った。竹下派では今回は独自候補擁立の動きがあったが、有力候補の小沢会長代行が健康問題などを理由に辞退したため結局頓挫した。その結果、候補者は宮澤喜一、渡辺美智雄《わたなべみちお》、三塚博《みつづかひろし》の3者となり、久々に派閥領袖が相争う総裁選となった。渡辺は90年2月、三塚は91年6月に、それぞれ旧中曽根派、安倍派を継承していた。

今回の総裁選でも、自民党国会議員の3割近くを占める竹下派の意向が帰趨《きすう》を決めることは明らかであった。このとき、竹下派支配を印象づける挿話として、同派の支持候補を決めるため、小沢が3候補に対し個人事務所で「面接試験」するという一幕があった。最終的に竹下派は、金丸会長の判断で宮澤への支持を決めている。ただ、このとき派内にはかなりの異論があった。宮澤嫌いが多かったこともさることながら、金丸・小沢ラインのこれまでの独断専行に対する不満がその背景にあった。

今回の総裁選は、国会議員の票数と、党員党友票を県単位で集計し得点化した値を合算して争うという新ルールで行われている。結果は、竹下派・宮澤派・河本派の推す宮澤（285票）の圧勝であった。ただ、渡辺（120票）と三塚（87票）も事前予想より善戦したと評価され、竹下派から票が流出したと見られた。

宮澤は1919年の生まれで、内務官僚出身の実業家（のち衆院議員）を父、政友会有力議員の娘を母に持つという、エリート家庭の出身である。東京帝大卒業後、大蔵省に入り、占領期には持ち前の英語力でGHQとの折衝に当たった。政界に転じたのは53年の参院選から（自由党候補として当選）で、その後、67年に衆議院に鞍替《くらが》えし、ここまで連続当選を重ねている。この間、経企庁長官、通産相、外相、官房長官を歴任した。

こうした華麗なキャリアを持つ宮澤は、そのきわめて高い知性と教養も合わさり、周囲から常に一目置かれる存在であった。同じく官僚出身の佐藤栄作や福田赳夫からは特に評価され、経済閣僚として重用された。宏池会会長就任（1986年）後、ニューリーダーの一角として有力宰相候補に挙げられたのは当然であった。ただ、田中角栄を筆頭に、宮澤特有のエリート臭さを毛嫌いする政治家もまた多く、宏池会の中でさえ人望が厚かったわけではない。中曽根政権期に総務会長を一度務めているものの、党務には総じて暗く、そもそも本人に関心が薄かった。

要するに、宮澤が自民党総裁に選出されたこと自体は政界でも有権者の間でも驚きではなく、むしろ竹下内閣以来の「本格政権」始動と受け止められたが、彼が今後どれだけ与党内を統率し、リーダーシップを発揮して政治課題に対処できるかという点はまったく不透明であった。

## PKO法の成立

宮澤内閣は1991年11月に発足した。閣僚には羽田孜《はたつとむ》蔵相をはじめ竹下派が重点配置され、宮澤派からの起用は加藤紘一官房長官ら2名にとどまった。党役員人事でも、当然のように竹下派の綿貫民輔《わたぬきたみすけ》が幹事長に収まった。ただ、元来宮澤と距離のある竹下派は、国会対策（国対）委員長を宮澤派に譲るなど、当面は政権に全面乗り入れせず、「お手並み拝見」の姿勢を採った。内閣支持率はかなり高めのスタートであった。

宮澤政権の目下の課題は、前政権から引き継がれたPKO法と政治改革の実現であった。宮澤はこれらを前に進めるという約束で、総裁選で竹下派の支持を取り付けていたのである。だが、いずれの問題も党内外での複雑な調整を要し、容易に進展しなかった。

ＰＫＯ法案は、海部政権末期に国会に提出され継続審議となっていたが、１９９１年11～12月の臨時国会でも、民社党の合意が得られないまま会期末を迎え、さらに継続審議となった。政治改革問題も、与党内の反対が根強く、宮澤自身に熱意が乏しかったこともあり、実質的な進展はなかった。こうした中、阿部文男《あべふみお》・宮澤派事務総長の収賄疑惑（共和事件）が報じられ、政権人気は急速に落ちていった。

早くも行き詰まりつつあった宮澤政権にとって、結局頼みの綱は、党内調整と国会対策に長けた竹下派であった。宮澤総裁は、１９９２年1月に金丸を副総裁に迎え、国対委員長を梶山静六《かじやませいろく》に代えている。金丸も梶山も、竹下派幹部として党内影響力を持ち、また国対委員長経験者として野党とのパイプを持っていた。彼らのように党内外の利害調整を得意とする政治家は伝統的に旧田中派・竹下派に多く、逆に旧池田派・宏池会は（宮澤自身が典型であるが）「お公家集団」と呼ばれ政策通が多かった一方、そうした調整は苦手というのが定評であった。

こうして宮澤政権も、宇野・海部政権に続いて、竹下派に全面依存することになったが、その甲斐あってＰＫＯ問題は進展を見せる。6月、自民党は公明党、民社党と調整をつけ、共同修正案の国会提出にこぎつけた。

これに対し、社会党と共産党は激しく反発し、史上最長記録となる牛歩戦術で採決の引き延ばしを図った。自衛隊の存在自体を違憲とする社会党が、その海外派遣を認められるはずはなかった。田辺委員長自身は元来、現実路線派に属したが、党内の左派勢力はなお強大であり、党首として求心力を維持するため、党是の平和主義に反する（とされた）この法案において妥協の余地はなかった。連日の徹夜国会を経て、法案が可決されたのは６月中旬のことである。

　１９９２年７月の参院選は、ＰＫＯ問題に対する審判の場となった。内閣支持率はかなり低い状態であったが、自民党はこの選挙で69議席を獲得し、満足できる結果を残した。ただ、同党の比例得票数（１４９６万票）は惨敗を喫した89年参院選時よりも少なく、歴代最低の投票率（50・７％）に助けられた形である。他方、社会党は今回22議席しか取れず、89年参院選、90年衆院選での勢いを完全に失った。共産党（６議席）も改選数を維持できていない。ＰＫＯ国会での抵抗のパフォーマンスは、一般有権者には受けていなかったことが明白であった。

　このように「既成政党離れ」が見られた一方、この選挙では新興勢力の日本新党が比例代表で民社党を超える３６１万票を集め、４議席を得たことが目を引く。同党は、前熊本県知事の細川護熙《ほそかわもりひろ》が１９９２年５月に立ち上げた保守新党で、ニュースキャスターの小池百合子《こいけゆりこ》らを擁立して注目を集め、浮動層の支持を得た。とはいえこの時点では、１年後に自民党が下野し、細川が首相に選出されることになるなど、誰も想像していなかったであろう。

**竹下派分裂**

体制崩壊の発端は、1992年8月に発覚した東京佐川急便《さがわきゅうびん》事件であった。竹下派会長の金丸が5億円のヤミ献金を得ていたとされ、議員辞職に至った問題である。このスキャンダルは、竹下派内のパワーバランスを不安定化させた。同派会長の後継をめぐって、小沢系（羽田、渡部恒三《わたなべこうぞう》、奥田敬和《おくだけいわ》ら）と反小沢系（竹下、小渕恵三《おぶちけいぞう》、梶山、橋本ら）の対立が深まったのである。

小沢一郎（右）と羽田孜（1993年2月、時事）

10月、反小沢系の小渕が後継争いに勝利すると、小沢は羽田を担いで派中派「改革フォーラム21」を立ち上げ、12月に自立した。数の力で党内覇権を握ってきた竹下派が小渕派（66人）と羽田派（43人）の真っ二つに割れたのである。この過程で宮澤総裁は終始反小沢系に肩入れしており、12月の党人事でも梶山を幹事長に据えている。

主流派・党執行部と対峙する羽田派の旗印は、政治改革の実現であった。折しも、佐川事件を契機に再び政治倫理問題に社会の関心が集まっており、羽田派の主張には正当性があった。こうなっては執行部側も積極姿勢を見せざるを得ず、次の通常国会に選挙制度改革案を提出する意向を示している。

他方、佐川事件は、社会党内にも大きな余波を与えた。田辺委員長は、ともに国対委員長を務めた関係で、以前から金丸と親密であったが、これが党の評判にかかわるとして退任圧力が強まったのである。結局、田辺は辞任に追い込まれ、1993年1月、山花貞夫《やまはなさだお》（前書記長）に党首の座を譲った。

山花は出自としては党内左派に属したが、このころには党の現実路線への転換に積極的であった。彼は、憲法の創造的展開を図るとする「創憲」論、すなわち、自衛隊の合憲性の問題を棚上げし、安全保障基本法を制定して自衛隊を規制する案を打ち出している。原理主義的護憲論者をなお多く含む党内事情から、主張に曖昧さは残ったものの、それまでの社会党の姿勢から考えれば大胆な提案だったと言っていい。山花の路線は、現実主義化した社会党、中道政党、自民党内改革派の連携による政権交代を目指していた「連合」、特に山岸章《やまぎしあきら》会長の方向性とも合致していた。

通常国会さなかの1993年3月、巨額の脱税が発覚し、金丸がついに逮捕された。前年からのスキャンダルの連鎖に、政界では、政治改革の先送りはもはや許されないとの空気が広がった。

もっとも、総論的にはともかく、改革の具体的内容について、政界では必ずしも合意がなかった。政治資金制度改革の必要性は当然として、選挙制度改革まで拙速に行う必要があるかという点でまず議論があった。共産党は中選挙区制廃止に明確に反対であったし、自民党や社会党でも本音では現状維持を望む議員が多かった。

また中選挙区制を廃止するにしても、各党が好む新制度は様々である。まず自民党は、4月に衆議院に提出した法案で、単純小選挙区制を提案した。小選挙区制は、たしかに従来の政治改革論議で提案されていた制度の一つであったが、小政党が極端に不利になるため、野党は総じて反対であった。これに対し、社会党と公明党は共同で、中小政党も議席を得やすい小選挙区併用型比例代表制を含む代替法案を提出した。

案の定、その後の与野党の議論は平行線をたどった。成案を得るため、自民党執行部は譲歩する意思を示したが、党内改革慎重派の根強い抵抗を前に、結局、身動きが取れなくなった(そもそも自民党内の慎重派は、不成立を見越して単純小選挙区制案の国会提出を容認していた)。

他方、宮澤首相はテレビ番組で「どうしてもこの国会でやるんです」と大見得を切っており、苦しい状況となった。改革実現を旗印に掲げてきた羽田派は、改革先送りとなった場合、重大な行動に出ることが予想された。

会期末を迎えた6月中旬、政治改革問題での責任を問うため、野党が衆議院に内閣不信任案を提出した。その翌日の本会議採決で羽田派は造反し、34名が賛成票を投じた。自民党からはこのほかにも造反が出て、内閣不信任案は賛成多数で可決されてしまう。これを受け、宮澤首相はただちに衆議院を解散した。

その直後、武村正義《たけむらまさよし》、鳩山由紀夫《ゆきお》ら10名が自民党からの離脱を表明し、「新党さきがけ」の立ち上げを表明した。羽田派とは別系統ながら、1980年代末から自民党の腐敗体質を批判し、問題提起してきた改革派議員たちであった。この動きに背中を押されるように、小沢らも離党を決断し、新生党の旗揚げに踏み出すことになる。

かくして、総選挙を前に自民党の議席は衆院過半数を大きく割ることになった。本書では、この時点をもって「形式的意味の55年体制」の終点とする。選挙後の政権の形がどうなるにせよ、これまでの一党支配体制が崩れることはもはや確定的となったからである。55年体制における政治的対立の主軸は保守陣営と革新陣営の戦いにあったが、この体制は革新陣営の勝利によってではなく、保守陣営の内紛によって崩壊したのであった。

## 2　政界再編

### 非自民連立政権

１９９３年７月の衆院選は「新党ブーム」に沸いた。なかでも日本新党は、衆院選初挑戦にもかかわらず、35議席を獲得するという躍進を見せた。この当選者の中には、細川護熙代表、小池百合子のほか、後年の民主党で活躍する枝野幸男《えだのゆきお》、野田佳彦《のだよしひこ》、前原誠司《まえはらせいじ》などが含まれる。また、さきがけと新生党もそれぞれ選挙前議席数を上回る13、55議席をそれぞれ得ており、特に新生党は大きな勢力となった。

これに対して、自民党の獲得議席数は２２３で、過半数（２５６）に遠く及ばなかった。この結果を受けて、宮澤総裁は退任することになる。もっとも、選挙前の勢力（２２２）を維持したという意味では、自民党は善戦したと言えた。

既成野党の多くも議席数に大きな変化はなかったが、唯一、社会党は選挙前からほぼ半減の70議席獲得にとどまり、大打撃を受けた。前回（１９９０年）衆院選で社会党に投票した有権者が（特に新党候補のいない選挙区で）大量に棄権した結果、今選挙の投票率は67・３％と歴代最低に終わっている。

さて、衆院選の結果、いずれの政党も過半数議席に足りず、どのような政権ができるかは政党間の交渉に委ねられることになった。様々な形がありえたが、結局誕生したのは7党1会派（社会党、新生党、公明党、日本新党、民社党、さきがけ、社民連、および参院会派の民主改革連合）による連立政権であった。異様に政党数が多いが、以上の組み合わせでようやく衆院議席の過半数に達している。この政権を成立させるため、新生党代表幹事の小沢が手腕を発揮した。

連立政権の首班に就いたのは、日本新党代表の細川である。7党連立の大義名分は政治改革の実現であった（このほかに共通点が乏しかった）から、首班にはブームを起こした改革派新党の党首が就くのが自然で、なかでも長らく中央政界のアウトサイダーであった細川は適任であった。

細川は、熊本藩主の直系子孫として1938年に生まれた。新聞記者を経て政界進出し、71年から83年まで自民党（田中派）の参院議員を務めている。その後、熊本県知事に転じ、自治体首長の立場から旧来の中央集権型政治システムの問題点を認識するようになった。92年の日本新党結成は、国政に復帰し、中央から改革を実現したいという細川の意思を示したものである。以降の同党の快進撃は既述の通りだが、これには細川個人の大衆人気が大きく寄与していた。首相就任時まだ55歳であった細川は、その洗練された立ち居振る舞いもあって、きわめて清新なイメージを国民に与えた。

細川内閣は1993年8月に発足した。組閣は難しいパズルであったが、連立各党のサイズを考慮したポスト配分となった。主要政党党首のうち、さきがけの武村代表は内閣の要たる官房長官に収まった。新生党の羽田代表は唯一の閣僚経験者として、副総理兼外相に遇されている。社会党の山花委員長も閣僚（政治改革担当相）に任じられたが、衆院選大敗の責任を取り、党首からは退く意向を示した。9月の委員長選では村山富市《むらやまとみいち》が選出されている。

さて、首相個人の人気により空前の高支持率（報道各社の調査で70％を超えた）で発進した細川内閣であったが、政権の安定は、いかに7党での円滑な意思決定システムを作れるかにかかっていた。形式的には、連立与党代表者会議や政府与党首脳会議といった枠組みを作ることで、政府・各党間の意思疎通を図っていくこととなった。

**細川護熙**（1994年1月、読売新聞社）

ただ、そもそも政党間で政策志向の違いがあったことに加え、各党リーダー間の人間関係にも濃淡があり、政権の一体的運営は容易でなかった。連立の立役者であり、政権中枢にいた経験もある小沢の影響力は絶大であったが、元経世会幹部で裏工作を好む彼の「政治屋」的な臭いを嫌う者もまた多かった。殊に小沢と武村は人間的に合わず、ことあるごとに反目した。

政権内の亀裂は、1993年内に早くも表面化してくる。焦点の一つはGATTウルグアイ・ラウンド交渉であった。日本にはかねてからコメ市場開放の国際的圧力がかかっており、12月が7年に及ぶ交渉妥結のタイムリミットとなっていた。55年体制期にはあらゆる政党がコメ開放に反対していたが、首相はもともと自由貿易推進派で、外国産米の一定量の輸入を認める方針を示した。これに対し、案の定、社会党内では猛反発が起き、一時は同党の連立離脱まで危ぶまれる事態となった。

この間、自民党では7月末の総裁選で河野洋平（前官房長官、宮澤派）が渡辺美智雄を下し、新総裁に選出されている。野党転落後、経団連が政治献金の斡旋《あっせん》廃止を発表し、離党者（石破茂《いしばしげる》ら）が相次ぐなど、自民党の前途もまた多難であった。

### 政治改革関連法の成立

細川内閣最大の課題は、言うまでもなく政治改革問題の決着である。首相は1993年中に改革を実現できなければ責任を取ると明言し、9月からの臨時国会に政治改革関連4法案を提出した。しかし与野党双方で慎重派が多いこの問題について、審議がスムーズに進むはずはなかった。11月に、社会党からの造反を出しつつも、法案はなんとか衆議院を通過したが、参議院でたなざらしにされ、越年が不可避となった。さらに94年1月の参院本会議の採決では、やはり社会党から多くの造反が出て、法案が否決されてしまう。

追い込まれた細川は、自民党の賛成を取り付けるため、小選挙区制部分の拡大など大政党有利な方向に改革案を修正していく。そして最終的に、細川・河野がトップ会談で合意し、（後日の修正を前提として）政治改革関連法案は1月末、ついに成立となった。社会党はこの最終局面でも造反者を出したが、結果としてこうした抵抗が中小政党により厳しい選挙制度をもたらしたのは皮肉なことであった。

政治改革関連法の内容は、政治資金制度と選挙制度の改革に大きく分かれる。政治資金制度については、政党以外に対する企業・団体献金を厳しく制限するなどした一方、政党への公的助成制度が導入されることになった。衆議院の選挙制度には、小選挙区（３００議席）と比例代表（２００議席）の並立制が採用された。

さて、政治改革は、連立与党を結びつけうる唯一の政策目標であった。この大目標が達せられると、途端に細川政権は求心力を失い、内紛から瓦解へと向かうことになる。

綻びは、早くも政治改革関連法成立の直後に表れた。１９９４年2月初頭、首相が唐突に国民福祉税という新税の導入を打ち出したところ、社会党やさきがけの猛反発を招き、即撤回に追い込まれるという失態が起きたのである。この税制改革案は消費税を実質7%に引き上げる、小沢・大蔵省肝いりの政策であったが、人間関係のもつれもあって、官房長官の武村にさえ根回しが行われていなかった。

こうして政権内が動揺する中、細川は外交面でも失点を重ねる。2月に行われた日米首脳会談（日米包括経済協議）で、輸入拡大の数値目標設定まで迫るクリントン政権との協議が物別れに終わったのである。これに対し、自民党は交渉決裂の責任を問い、政権を厳しく追及した。

政権にさらに追い打ちをかけたのは、首相自身にかかわる金銭問題の発覚であった。細川が以前、東京佐川急便から借金していたという問題が報じられ、政治改革運動の旗手たる彼のイメージは大いに傷ついた。

こうした状況で、もともと権力に執着の乏しい細川首相は4月、依然として高い支持率を保っていたにもかかわらず、あっさりと辞意を表明した。首相在任は9ヵ月に満たなかった。

## 自社連立

1994年4月下旬、新生党代表の羽田が新首相に指名された。羽田は改革派新党の中でも最大政党の党首であり、政治経験も十分であったから、結果としては順当と言えた。ただこの間、自民党を割らせて首班を担ぎ出す連立工作（渡辺美智雄首班構想）が取りざたされるなど、小沢を軸に、政界では様々な駆け引きがあった。この過程で、さきがけは早々に小沢主導の政権枠組みから外れる意向を示し、社会党も組閣前に連立離脱を表明した。

少数与党政権として出発した新内閣が長続きするはずのないことは、誰もが理解していた。羽田政権にできたのは、遅れに遅れていた1994年度予算を6月に入ってようやく成立させたことくらいであった。この間すでに、次の政権の構想をめぐって、各党が水面下で動いている。6月下旬、自民党が内閣不信任案を提出すると、首相は内閣総辞職を表明し、その後の政党間協議に政権の行方を委ねた（新選挙制度の区割りが確定しておらず、解散総選挙は事実上不可能でもあった）。

ここで自民党が大胆な動きに出る。さきがけに加えて、不倶戴天《ふぐたいてん》の敵であったはずの社会党に接近したのである。しかも、政権復帰に執念を燃やす自民党は、首班を社会党に回すという大きな譲歩を示した。非自民政権で厄介者扱いされてきた社会党は、この寛大な提案に乗った。一方、対する小沢は、再び自民党の中に手を入れ、元首相の海部俊樹を離党させ、羽田後継に担ぐという工作を行っている。

6月末に行われた衆議院の首相指名選挙では、決選投票の末、自民党・社会党・さきがけ3党から（造反を出しつつも）261票を得た村山富市社会党委員長が214票の海部を破った。「自社さ」連立政権の誕生である。社会党首班の政権は、実に1947年の片山内閣以来であった。河野自民党総裁は副総理兼外相に、武村さきがけ代表は蔵相の要職に、それぞれ就いた。

村山は1924年、大分県の漁師の子として生まれた。労働組合運動家、地方議員を経て、72年から衆院議員を務めた。社会党内では左派寄りに属したが、国対委員長（田辺委員長時代）を務めた経験から自民党と接点があり、現実に合わせる柔軟性を備えた人物である。こうした立ち位置と篤実《とくじつ》な人柄で知られた村山は、自社連立の要としてまさに適任であった。

社会党が政権を担ううえで、最大のネックはむろん、党是たる非武装中立論にあった。社会党は、その党首が政府を率いることになったいま、細川政権のときのように立場を曖昧にすることは許されなかった。かくして村山首相は1994年7月、国会で「非武装中立の政策［は］その政策的役割を終えたと認識」していると述べ、自衛隊の合憲性を認め、日米安保条約を堅持する立場を明らかにした。社会党内にはもちろん異論もあったが、党首の決断を9月の臨時党大会で承認した。

さらに村山内閣は、消費税率を3％から5％に引き上げる方針を打ち出し、11月に税制改革関連法を成立させている。消費税反対もそれまでの社会党の党是と言えたが、政府を構成する責任政党としてやはり路線転換を促された。

他方で、村山政権時代、自民党の側も右派的・タカ派的主張を意識的に抑え、社会党との融和に努めた。象徴的な動きとして、この時期、自民党は、結党以来掲げてきた自主憲法制定論を事実上取り下げている（1995年3月の党大会で改憲について一切言及しない新綱領を採択した）。終戦50周年にあたっての「村山談話」（植民地支配へのおわびと反省の表明）や水俣病被害者救済といった「社会党らしい」政策も、自民党の少なくとも黙認の下に実現されたものである。

河野総裁は、宮澤内閣官房長官時代（1993年8月）の「河野談話」（元従軍慰安婦へのおわびと反省の表明）で知られるように、自民党内でもリベラル派の代表格で、社会党の意向に柔軟に対応できた。党内の大勢も（中曽根康弘のような不満分子はいたが）、政権維持を優先する観点から、そうした執行部の姿勢を甘受した。自社連立は保革イデオロギー対立の時代が過ぎ去ったことを示す象徴的出来事であり、実際上も両党の立場を大いに近づけたのであった。

自社両党の歩み寄りにより、村山政権の国会内での基盤は安定していた。ただ、既成政党の大連合政権に対する国民の目はそれほど温かいものではなく、内閣発足当初の支持率はかなり低調であった（報道各社の調査で35％前後）。その後、自社連立への違和感が薄らいだか支持率はやや上向いたが、1995年に入って下落する。阪神淡路大震災（1月）、地下鉄サリン事件（3月）という未曾有の危機事態が続発する中で、いかにも指導力に欠けた（ように見えた）村山内閣の人気が高まるはずはなかった。

### 新進党の結成

一方、村山政権成立後、新生党など旧連立与党側では「新・新党」への結集が模索された。大政党有利の小選挙区制が導入されたことが、「大きなまとまり」を目指す動きの背景にあった。

新・新党の名称は公募で新進党とし、1994年12月に結党大会が行われた。衆参両院議員合わせて214名の大所帯である。代表には互選で海部が選ばれ、海部を担いだ小沢は幹事長に就いている。新進党には、旧新生党、日本新党、民社党が全党的に合流したが、公明党は保険をかけて参院議員の一部と地方議員を別政党「公明」に残した（なお社民連は94年5月にすでに解散している）。党の「基本理念」には「たゆまざる改革」といった抽象的なスローガンが並べられたが、特定の政治的理念に基づくというよりは、自民党に対抗するための「選挙互助会」的性格の強い政党だったと言えよう。

有権者の多くは、93年政変以来の政界再編劇についていくことができず、生き残りのために右往左往する政治家たちを冷めた目で見ていた。既成政党が不人気であったのはもちろん、新党に対する支持も定着せず、この時期、「政党支持なし」層が急激に増加している。1995年4月の統一地方選で、政党からの支援を受けないタレント候補の青島幸男《あおしまゆきお》、横山《よこやま》ノックがそれぞれ東京都知事、大阪府知事に当選したのは実に象徴的な出来事であった。またこの統一地方選では、多くの地域で戦後最低の投票率を記録した。

同年7月の参院選も、国民の関心は高まらず、「亥年選挙《いどし》」――統一地方選が春にある亥年の参院選では、自身の選挙を終えたばかりの地方議員の動員活動が鈍るとされる――ということもあったにせよ、44・5%という前代未聞の低投票率に終わっている。この選挙の結果としては、新進党が40議席を獲得し、躍進した。特に比例代表では得票数でも議席数でも自民党を上回っている。低投票率という状況下で、旧公明党勢力の持つ組織票（創価学会票）が強さを見せつけた形である。

これに対して、自社さ3党はいずれも不振であった（それぞれ46、16、3議席獲得）。特に社会党は、1993年衆院選に続く大敗を喫している。同党の現実路線への転向は、多くの国民に安心感を与えたと見られる一方、短期間に新しい支持層を開拓するような効果はなく、逆に従来の熱心な支持層を離反させる結果となった。社会党では、村山体制発足以来、離党者が相次ぎ、解党・新党結成論が公然と語られるようになっていたが、参院選での大敗はこうした流れにさらに拍車をかけた。

## 3　未完の体制改革

### 自民党首班政権の復活

参院選後、自民党では総裁選が予定されていた。事実上、次の首相を決める選挙である。当然、現職の河野洋平総裁は再任を望んだが、参院選の不振でその見込みが失われ、結局出馬を断念した。最終的な立候補者は、橋本龍太郎（通産相、小渕派）と小泉純一郎（三塚派）になった。

１９９５年９月の総裁選は、党員党友票を全国集計し、１万票を国会議員１人分に換算し、議員票と合算して競う方式で行われている。結果は、３０４票を得た橋本の圧勝であった（小泉87票）。その後の人事では、橋本当選に功のあった加藤紘一（宮澤派）が幹事長に、山崎拓（渡辺派）が政調会長に取り立てられている。

橋本は１９３７年の生まれで、大蔵省から戦後政界入りした（「吉田学校」の徒である）龍《りょう》伍《ご》を父に持つ。父の死後、旧岡山２区の地盤を受け継ぎ、63年衆院選以来、11回の当選を重ねてきた。一匹狼的性格で知られる橋本は派閥領袖でこそなかったが、78年の初入閣（大平内閣厚相）を皮切りに、政府・党の要職を歴任してきた。厚生分野を中心に、政策通として広く実力を認められていた人物である。また、橋本はシャープな見た目で大衆人気が高く、衆院選に向けて「党の顔」として期待された面もあった。「政党対政党」の色が濃い新選挙制度が導入されたことで、党首に求められる資質も変わり始めていた。

他方、最大野党の新進党でも1995年12月に党首選が行われている。この党では事実上の最高実力者である小沢一郎と、彼に反発する勢力との間で軋《きし》みが生じていた。小沢は元来、他のリーダーを表で担ぎ、自身は裏から権力行使することを好んだが、このときは適当な「神輿」が見つからず、自ら出馬している。対抗馬に立ったのはかつて神輿役を務めた羽田孜で、反小沢勢力の支持を一手に集めた。党首選は小沢の圧勝に終わったが、その後も党内にはしこりが残った。

村山富市（左）と橋本龍太郎（1995年6月、共同通信社）

さて1996年の正月早々、村山首相が退陣表明し、既定路線通り、首相の座は橋本に禅譲された。村山は政府の役職を退き、新党移行問題に揺れる社会党内の調整に専念する意向であった。その後も新党問題に対する方針はまとまらなかったが、同党はとりあえず1月に党名だけ社会民主党に変更することとした。終戦直後から政党政治の一翼を常に担ってきた日本社会党が、50年掲げてきた看板をついに下ろしたのであった。

一方、橋本内閣の発足当初の支持率は、自民党政権としてそれまで例がないほどに高かった（報道各社の調査で60％前後）。約2年半ぶりに復活した自民党首班政権は、期待感をもって迎えられたと言っていい。

橋本首相はいくつかの政策分野で指導力を発揮したが、なかでも主体的な動きを見せたのは外交・安保政策面である。日米関係では当時、沖縄米軍基地の整理と、冷戦終結後における同盟関係の再定義が焦点となっていた。首相の積極的な働きかけの結果、沖縄の問題については１９９６年４月に普天間《ふてんま》飛行場の返還が合意されている。安保再定義の問題についても同月、日米同盟がアジア太平洋地域の安定の基礎であることを確認する「日米安全保障共同宣言」が発表された。その後、同宣言に基づき、「新しい日米防衛協力のための指針」（ガイドライン）の見直しが両国間で進められ、97年9月に新ガイドラインの合意に至る。

## 初の並立制選挙

橋本政権にとっての、内政上の最初の試練は、住宅金融専門会社（住専）処理問題であった。当時、住専各社はバブル崩壊で多額の不良債権を抱えており、それに融資していたほかの金融機関にも危機が広がりつつあった。これに対して、政府は公的資金６８５０億円を投入して不良債権処理に当たる方針を示したが、税金を用いた後始末に世論は強く反発した。住専問題は1996年の通常国会で集中的に扱われたが、新進党の物理的抵抗によって審議が進まず、関連法成立は6月の会期末までもつれた。

住専国会が終わると、解散総選挙も間近と見られ、中小政党では再編の動きが加速した。軸となったのは、さきがけ代表幹事・鳩山由紀夫の新党運動である。自社さ政権のあり方に批判的であった鳩山は1996年8月に離党し、「友愛リベラリズム」に基づく新党構想を発表した。新党にはさきがけと社民党からの合流が想定されたが、既成政党のイメージを引きずらないよう、鳩山は両党の「丸ごと」の受け入れを拒否した。その一方で鳩山がこだわったのは、菅直人《かんなおと》（さきがけ所属）の新党参加である。菅は橋本内閣の厚相として、官僚の抵抗を排して薬害エイズ事件の解明に取り組み、当時脚光を浴びていた。

9月末、臨時国会冒頭に衆議院が解散された。その翌日、さきがけ出身15人、社民党出身35人、その他7人の国会議員が参加し、民主党（第一次民主党）が出発する。新党の代表には、異例の形ながら、鳩山と菅がともに就くこととなった（1年後に菅代表・鳩山幹事長体制に移行）。党の目標には、「霞が関の解体と再生」「市民政治の復興」「共生型福祉社会への転換」が掲げられた。

10月、選挙制度改革後初めてとなる衆院選が実施された。有権者の出足は悪く、投票率は

59・7％と歴代最低記録を大幅に更新している。選挙の結果は、自民党が過半数にこそ達しなかったものの、選挙前を大きく上回る239議席を獲得し勝利したと見なされた。他方、新進党は選挙前以下の156議席にとどまり、民主党も52議席と振るわなかった。両党間の候補者調整が不十分であったことも結果に響いた。

またこの選挙の結果には、一般に小政党を淘汰《とうた》する方向に作用するという、小選挙区制の性質が早くも表れている。さきがけは2議席しか取れず、存立の危機に立たされた。社民党も、直前に党首を土井たか子に代えて選挙に臨んだが奏功せず、15議席の小勢力に落ちた。選挙後、影響力を弱めた両党は、なお与党の枠組みに残ったものの、閣外協力に転じた。

中小政党の中では唯一、共産党が選挙前から大きく伸ばし、26議席を獲得している。同党は1970年代後半以来、長らく党勢を停滞させており、久々の好成績であった。旧社会党支持者の票が流れ込んだ結果と見られる。共産党は従来の「中立自衛論」（新憲法を制定したうえで必要な自衛措置を取るとする主張）を転換し、旧社会党のお株を奪う形で94年から護憲・非武装中立論を打ち出すようになっていた。

## 橋本行革

基盤を固めた第二次橋本内閣は、「未完の体制改革」実現に本腰を入れていく。選挙制度・政治資金制度改革がすでに成っていたにもかかわらず、エリート／マス・レベル双方でこの時期、体制改革への期待はなお収まっていなかった。その背景には、１９９０年代中葉以降、わが国を次々に襲った国家的危機がある。この時期、大震災や経済危機（バブル後遺症の顕在化）に加え、凶悪なテロ事件まで起き、日本は40年代以来の危機的状況にあると見なされた。こうした事態に、政府は機動的に対応していない（と見られた）どころか、続発する官僚の不祥事（薬害事件、汚職事件など）の火消しに追われる始末であった。こうして政治改革運動の問題意識は「政界浄化」を超えて広がっていく。国難に対応できる、より機能的なシステムを構築するため、政治的、経済的なあらゆる仕組みの刷新が時代精神として求められるようになったのである。

橋本政権が目指した改革の対象領域は実に広範である。首相は１９９６年11月の所信表明演説で、行政、財政構造、社会保障構造、経済構造、金融システムという5分野の改革を目指すとし、翌年1月の施政方針演説で教育分野を合わせた「六つの改革」の推進を表明した。

このうち、（狭義の）行政改革として具体的に進められたのは、中央省庁再編と内閣機能強化である。鈴木・中曽根政権期に自民党行財政調査会会長を6年務めた橋本は、自他ともに認める「行革のプロ」であった。橋本は１９９６年11月に行政改革会議を設置すると、自らその会長として、改革論議を主導した。その努力は最終的に、98年6月成立の中央省庁等改革基本法として結実する。これにより、2001年から中央官庁の数がほぼ半減されるとともに、内閣府を新設し、内閣官房を強化するなど首相主導の政治の枠組みが整えられることになる。占領期以来の抜本的な行政機構改革と評価できる。

このほか、橋本政権は財政構造改革にも力を入れた。バブル崩壊後に税収が落ちる中、公共投資や社会保障費の伸びで歳出が膨らみ、1995年11月には蔵相が「財政危機宣言」を発する事態になっていた。この危機に対応するため、橋本政権は97年4月から(予定されていた通り)消費税率を5%に上げ、2兆円の特別減税を打ち切り、9月には医療費の自己負担額を引き上げている。さらに同年11月には財政構造改革法を成立させ、2003年度までに赤字国債発行ゼロにする、公共事業を削減するといった行程を定めた。これらもまた、自民党政権として大胆な政策決定だったと言っていい。

自民党は選挙でもなお好調であった。1997年7月の東京都議選で、同党は大幅に議席を増やして快勝している。9月の総裁選では、橋本が無投票で再選された。

### 野党再編

一方、野党第一党の新進党では、不振に終わった1996年衆院選以来、離党者が相次いでいた。この中には実力者も含まれ、元首相の羽田、細川護熙も離党してそれぞれ小政党を立ち上げている。また、石破茂など離党後に自民党に入党（復党）した議員も多かった（結果、97年9月に自民党は衆院単独過半数を回復している）。そしてついには97年12月、党内の統制に難渋していた小沢代表自身の手によって、新進党は解党される。これにより同党は文字通り四分五裂し、小沢系（自由党を結成）、旧公明党系（翌年に公明党を再結成）、旧民社党系などの中小政党に分かれることになった。

もっとも、新選挙制度の下で、中小政党は再び「大きなまとまり」を作り上げるか、少なくとも他党との協力関係を築くことなしに生き残りは図れなかった。そこで旧新進党勢力のうち、小沢系と旧公明党系を除いた大半（羽田、細川のグループも含む）が、民主党へ合流していくこととなる。この展開は、細川政権樹立以後、存在感を低下させていた連合にも歓迎された。（第一次）民主党に対しては旧社会党からの流れで主に官公労が支援していたが、これに旧同盟系民間労組の支援を得る旧民社党系議員が合流することで、連合としては組織の股裂《またさ》き状態を解消できると期待された。

1998年4月、衆院議員93名、参院議員38名で、改めて（第二次）民主党が結成された。代表は旧民主党から引き続いて菅が務め、幹事長には羽田が就いている。様々な出自の議員が含まれたことを反映して、新党の政策路線は中道的、あるいは志向のはっきりしないものとなった。すなわち、統一大会で採択された「基本理念」によると、民主党は『市場万能主義』と『福祉至上主義』の対立概念を乗り越え」る「民主中道」を目指すとする。外交・安保政策については、何一つ具体的にふれられていない。

結成当初の民主党に対する支持率はせいぜい1割ほどで、新党への国民の期待は高かったわけではない。しかし、1997年秋ごろから橋本政権の足元を揺るがす出来事が相次ぎ、野党には追い風が吹きつつあった。

政権の失点には、閣僚の人選ミス（ロッキード事件で有罪判決を受けた佐藤孝行《こうこう》の入閣問題）、官界スキャンダル（大蔵省接待汚職事件）の発覚などもあったが、最も深刻だったのは経済状況の暗転である。前述のように第二次橋本内閣は緊縮財政政策を進めたが、アジア通貨危機とタイミングが重なったこともあり、急速な景気後退を招いた。この不況はもともとバブル後遺症に苦しんでいた金融機関を直撃し、1997年冬には都市銀行や大手証券会社の経営破綻が続出した。それでも財政再建を重視する橋本政権は財政出動に消極的で、98年4月になって大型経済対策を発表したものの、遅きに失したと批判されることになる。その後の参院選でも当然、景気対策が争点となったが、減税に関する首相の発言が迷走し、政権への逆風となった。

1998年7月の参院選では、不在者投票の要件緩和や投票時間延長といった制度改革の効果もあったと見られ、前回、前々回を大幅に上回る58・8％の有権者が投票した。結果は、自民党にとって厳しいものとなった。同党の獲得議席数は44にとどまり、目標であった参院過半数回復に失敗したどころか、改選数（61）さえ大きく下回った。特に東京都、神奈川県で議席ゼロに終わるなど、強気の複数候補擁立が祟った面もあったとはいえ、都市部の結果は深刻であった。

対する民主党は27議席獲得（改選18）と健闘し、菅代表ら執行部は面目を施した。社民党とさきがけは、選挙前に連立政権から離脱し、野党として戦う道を選んだが、いずれも壊滅的結果に終わっている（それぞれ5、0議席）。他方、共産党は今回も好調で、過去最多の15議席を得て参院第三党に浮上した。

### 経済再生内閣

参院選の結果を受けて、橋本首相はただちに退陣を表明した。1998年7月の自民党総裁選には、小渕恵三（外相）、梶山静六（前官房長官）、小泉（厚相）が立ち、結果は小渕の圧勝となった（それぞれ225、102、84票を獲得）。このうち、橋本政権の経済政策に不満を持っていた梶山は、小渕派を退会して総裁選に臨み、事前予想を超える票数を得ている。派閥の結束が緩みつつあることを示す結果であった。

小渕は26歳のとき1963年衆院選で初当選して以来、ここまで12回連続当選を果たして

小渕恵三（1998年7月、時事）

きた大ベテランである。二世議員ではあったが、同じ選挙区（旧群馬３区）に福田赳夫、中曽根康弘というこれ以上ない強力なライバルを抱えており、小渕は自身の立場を「ビルの谷間のラーメン屋」と自嘲していた。初当選が同期で、同じく旧竹下派に属した橋本が政策通ながら他人と容易に馴れ合わない性格であったのと対照的に、小渕はその人柄で評価を高め、派閥領袖にまで上り詰めた。「いかなる地位にあっても偉ぶらず、常に謙虚で目線を低く生き」たという村山元首相による評がその人物をよく表している。小渕内閣に対する支持率は、当初こそかなり低め（報道各社の調査で30％前後）であったが、首相の人となりが知られるにつけ高まっていくという、通例とは異なる動き方を示した。

小渕首相は新政権を「経済再生内閣」と位置づけ、異例にも元首相の宮澤喜一を蔵相に、作家（元通産官僚）の堺《さかい》屋《や》太一《たいち》を経企庁長官に起用して、経済の立て直しに臨んだ。日本発の世界恐慌まで懸念される危機に際して、政府は１９９８年11月、総額24兆円規模という過去最大の緊急経済対策を決定し、これに基づき、翌月、財政構造改革法の凍結法と補正予算を成立させている。以上と並行して編成された99年度予算案も超積極型となった。

こうした施策により国債発行額は一挙に膨らみ、財政再建という重い課題が将来に残されることになる。もっとも、これら経済対策は当面の景気浮揚に貢献したと見られ、「平成の借金王」を自称して迷いなく路線転換したのは小渕の真骨頂を示したものと言えた。

さらに、崩壊寸前にあった金融システムの補強も焦《しょう》眉《び》の急であった。ここで政権に立ちはだかったのが、「ねじれ国会」である。憲法の規定により、与党が衆議院の3分の2以上の議席を持たない限り、参議院で否決された法案は原則として成立しないが、その参議院で自民党は過半数議席を持っていなかった。1998年秋の臨時国会では、経営危機にあった日本長期信用銀行などの処理策が争点となり、政府案と野党（民主党、自由党、公明党）案にはズレがあったが、追い詰められた政府は結局、異例にも野党案を「丸呑み」せざるを得なかった。

またこの国会の最終日には、調達をめぐる防衛庁のスキャンダルが問題となって、額《ぬか》賀《が》福《ふく》志《し》郎《ろう》長官の問責決議案が参議院で可決され、辞任へと追い込まれている。政権を持続させるために、参議院での多数確保が不可欠なのは明らかであった。

### 自公連立

そこで進展したのが、自民党と公明党の連立交渉である。自民党にとって、公明党議員の数自体ももちろん大事であったが、創価学会という強力な支持母体を持つ公明党は、選挙協力の相手という点でも非常に魅力的であった。公明党側からしても、政権入りによって政策実現が期待できるほか、細川政権期以来（1995年3月のオウム真理教による地下鉄サリン事件以後特に）、執拗《しつよう》に行われるようになった自民党の創価学会攻撃を止めさせられる利点もあったと言われる。

もっとも、創価学会員の自民党に対する不信は根強く、公明党の閣内協力実現までにはいくらかの準備を要した。小渕はまず、自由党を引き込んでつなぎ役とすることで、公明党にとって政権参加のハードルを下げようとした。自由党の小沢代表は、新進党党首時代から「保保連合」（自民党との連携）を模索しており、民主党と路線対立を強めていたこともあって、1998年11月、政権入りに合意している。またその後の臨時国会で、小渕政権は、公明党の求める経済政策（約七〇〇〇億円分の「地域振興券」の支給）を、バラマキとの批判が強かったにもかかわらず、実現している。

こうして事実上の「自自公」協力体制を作り上げた小渕政権は、1999年の通常国会で、通信傍受法案（組織犯罪への対策として、捜査機関に通信傍受の権限を与える法案）、国旗国歌法案（日の丸、君が代をそれぞれ国旗、国歌と定める法案）といった、55年体制期であればきわめて論争的だったであろう法案を次々に成立させていく。最大の焦点は新ガイドライン関連法案で、橋本政権期に社民党の反対で動いていなかった同法案が、自自公3党の賛成で5月に可決・成立した。

野党第一党の民主党が、党内に保守主義的な議員を含んでいたために、これらの争点で必ずしも原理的反対の立場を採らなかったことも、小渕にとって幸いした。この時期、憲法改正問題では、むしろ民主党が自民党を先導さえした。１９９９年7月には国会に憲法調査会を置く法改正（社共以外賛成）が行われたが、この流れを促したのは民主党であった。

小渕内閣にはまた、１９９０年代の政権らしく「体制改革」を進めた面もあった。99年7月の地方分権一括法成立は、細川内閣期以来積み上げられてきた地方分権改革の一大画期である。この改革により、機関委任事務制度が廃止されるなど戦前以来の地方制度に大転換がもたらされた。また同じ月、政府委員制度（官僚が閣僚に代わって答弁する制度）の廃止、副大臣制の導入、党首討論の定例開催を決める国会改革関連法も制定されている。

着実に実績を上げた小渕は、１９９９年9月の自民党総裁選で加藤、山崎を破り、楽々と再選された。加藤と山崎はいずれも98年末に派閥領袖となっており（前者は宮澤派を継承、後者は渡辺派から独立）、自自公連携を進める執行部に批判的な立場を取っていた。総裁選後の人事では、特に加藤派は徹底して冷遇され、のちの「乱」の伏線になる。またこのときの内閣改造では、公明党がついに入閣に応じた。今日まで続く、自公政権の始まりである。

## 小渕の死

「政界一寸先は闇」というが、順調に見えた小渕政権は2000年4月、突如終幕となる。小渕自身が脳梗塞に倒れ、そのまま帰らぬ人となってしまったのである。

この間、首相を苦しめたのは自由党の連立離脱問題であった。公明党の政権参加を受け、存在感の低下を危惧した自由党・小沢代表が、連立離脱をほのめかして持論を強引に押し通そうとするようになったのである。衆院比例代表の定数削減要求（公明党は嫌がっていた）については譲歩した小渕であったが、自民党と自由党の対等合併まで求められるに至り、ついに2000年4月1日、小沢と決裂した。首相が倒れ、昏睡《こんすい》状態となったのはその直後のことであった。

4月2日、森喜朗《もりよしろう》幹事長、野中広務《のなかひろむ》幹事長代理、青木幹雄《あおきみきお》官房長官、亀井静香《かめいしずか》政調会長、村上正邦《むらかみまさくに》参院議員会長という5人の自民党幹部が集まり、森を後継の総理総裁とする方針で一致した。森は小渕と同じ1937年生まれで、当選回数では小渕の2期下にあたる。調整型政治家として地歩を固め、河野執行部、小渕執行部で幹事長を任されるなど、党務に明るかった。98年には清和会（旧三塚派）の会長に就いており、従来の基準から言えば、この時点で総裁になる党内的な資格は備えていた。

森内閣の発足は4月5日のことである。福田内閣以来22年ぶりの旧福田派・清和会首班政権であったが、首相以外の閣僚は留任とされ、実質的に野中幹事長（森幹事長の後継）、青木官房長官を軸とする小渕派色の濃い政権であった。なお、自由党は下野したものの、同党から分かれた保守党（扇《おおぎ》千景《ちかげ》党首のほか、海部俊樹、二階俊博《にかいとしひろ》ら26名で発足）が連立の枠組みに加わっている。

さて、衆院議員の任期満了が目前に迫っており、来る衆院選で政権党の「顔」となることを求められた森首相であったが、出だしからして最悪であった。そもそも「5人組による密室談合」という選ばれ方の印象が悪かったのに加え、首相自身の相次ぐ失言も批判の的となった。報道各社の調査では、5月の時点ですでに内閣支持率は2割ほどになっている。

こうした中、衆議院が解散され、6月に総選挙が実施された。その結果は解釈の難しいものとなった。自民党の獲得議席数は２３３で、前回（１９９６年）総選挙の結果と比べた場合、比例定数が20削減されたにもかかわらず微減にとどまっている。特に同党は、小選挙区で前回よりも得票数と議席数を伸ばしている。これは明らかに、公明党との選挙協力の効果が表れたものである。この選挙で、自民党候補の多くが公明党から推薦を受け、組織票（創価学会票）の恩恵を受けた。連立3党では絶対安定多数を超え、自民党執行部は政権が信任されたものと解釈した。

## 都市の反乱

もっとも、この後の政局への含意を考えれば、当選挙に関して重要であったのは、民主党の特に都市部における躍進である。「都市の反乱」（蒲島郁夫《かばしまいくお》）と呼ばれたように、都市部では民主党が自民党を上回る比例票を集め、これが民主党の議席数を（選挙前95から）127にまで押し上げる原動力となった。小選挙区でも、与謝野馨《よさのかおる》前通産相（東京1区）の落選が象徴するように、都市部の自民党候補は大苦戦を強いられた。

このことは以後の展開に二つの意味を持った。第一に、民主党が野党の中で突出した存在になり、自民党に代わって政権を担いうる唯一の政党であると、政界および国民の間で見なされるようになった。この選挙で他の野党の議席数（自由党22、共産党20、社民党19）が「どんぐりの背比べ」状態となった結果、127議席という数字以上に民主党の存在感は大きなものとなった。

第二に、「都市の反乱」は、自民党内の危機感を高め、路線転換への動きを強めることにつながった。農業協同組合（農協）など伝統的な支持団体の集票力が低下しつつある中で、都市部に多い無党派層の票を自民党は取れないどころか、野党第一党に奪われる構図がはっきりしたのである。森首相は選挙直前に「無党派層は寝ていてくれればいい」という趣旨の発言をして批判を浴びたが、これは自民党の正直な願いというべきで、実際に無党派層の投票率が上がれば深刻な結果になることが予想された。無党派層は１９９０年代に急増し、すでにどの政党の支持層よりも大きな集団になっていた。

自民党の無党派層からの不人気は、同党が古い体質の政党であるとのイメージをぬぐえず、むしろ小渕・森政権下で強めてしまったことで決定的になった。実際のところ、自民党も最終的に選挙制度改革に同意したし、橋本行革や地方分権改革を進めたように、政治制度面での改革には取り組んできた。しかし、経済財政システムの改善は明らかに進んでおらず、都市部無党派層の関心はむしろこちらにあった。自民党政権は55年体制期と変わらず公共事業を濫発するばかりで、経済を安定成長に戻す方策を欠いていると見られ、バラマキの恩恵を受けやすい農村住民はともかく、都市住民には不満が蓄積していた。一時の深刻な経済危機を（皮肉にも小渕政権の積極財政政策によって）脱したいま、経済構造改革への期待がいよいよ高まりつつあった。こうした時流に押し上げられたのが、次節の主人公・小泉純一郎である。

## 4 自民党・改革派政権の誕生

### 小泉旋風

2000年7月に第二次内閣が発足したが、その後も森政権は浮揚のきっかけをつかめなかった。新内閣の官房長官には首相の側近・中川秀直《ひでなお》を就けたが、スキャンダルが報じられ、3ヵ月で辞任に追い込まれる始末であった。この時期、衆院補選や地方選でも自民党は連敗を重ねている。

こうした中、小渕・森体制下で冷遇されていた加藤紘一が、盟友・山崎拓とともに倒閣に動き出した。11月に、野党の提出する内閣不信任案への同調を示唆したのである。これに対して、野中広務幹事長ら自民党執行部は、加藤・山崎両派の切り崩しにかかった。小選挙区制の下では、公認権を握る党執行部が所属議員の生殺与奪権を持つ。結局、加藤派では多くの議員が腰砕けになり、「加藤の乱」は失敗に終わった。「自民党のプリンス」と呼ばれ、党内リベラル派を代表する総理総裁候補として期待されてきた加藤であったが、この騒動で派閥の分裂も招き、影響力を大きく失うことになる。

こうしてなんとか乱は鎮圧されたが、世論では加藤贔屓《びいき》の声が強かったこともあり、政権の不人気にはさらに拍車がかかった。2001年に入ると、各社の世論調査で内閣支持率が一桁台を記録するなど末期的状態になる。参院選を控えた自民党内に動揺が広がる中、3月、首相はやむなく退陣の意志を表した。

来る総裁選の主役となる小泉純一郎は1942年、二代続く代議士の家に生まれている。自身は72年衆院選で初当選し、清和会（福田派）に属した。師の福田赳夫と同じく、田中派・竹下派（経世会、95年から平成研究会）に強い対抗意識を持ち、田中流の利益政治にも否定的な考えを持った。「変人」と呼ばれた小泉は一匹狼的行動を好み、彼のトレードマークである郵政民営化の訴えも政界では孤立無援であった。総裁選にはすでに95年と98年の2度挑戦し、いずれも惨敗に終わったが、異端の主張を掲げ、重要閣僚や党三役の経験もない立場では、当然の結果とも言える。もっとも、変わり種への期待感からか大衆人気はすでに高かった。

2001年4月の総裁選では、小泉に加え、平成研（旧小渕派）から橋本龍太郎（00年7月から同派会長）が首相再登板を目指して出馬した。その他、麻生太郎《あそうたろう》（経済財政政策担当相）、亀井静香（政調会長）も立候補したが、事実上、小泉と橋本の争いとなった。

任期満了に伴うのではない臨時の総裁選では党則上、国会議員と都道府県連代表各1人による投票で新総裁が選ばれることになっていた。しかし今回は、「密室談合」の総裁選出に批判が集まったことをふまえ、各県連の持ち票（地方票）を3票とし、その投票先を決めるために、原則として党員参加の予備選を県連ごとに行うことが決められた。結果的には、この方式の採用が小泉に幸いした。

この選挙戦で、小泉は各地を遊説に回り、メディア報道を通して国民的ブームを巻き起こす。政策的には郵政民営化をはじめとする経済構造改革の訴えが中心であったが、政策内容よりも、「自民党をぶっ壊す」とのフレーズに象徴される型破りな小泉のスタイルが、旧来の政治に飽いていた有権者の心に刺さったと見られる。

各地の予備選の結果は、小泉の完勝となった。小泉は41都道府県で最多得票となり、地方票数としては141票中123票を得ている。最大派閥の領袖たる橋本は国会議員票で優勢と見られていたが、議員たちも本選でこの圧倒的な「天の声」を無視はできず、最終的に計298票対155票で小泉が勝利した。旧来の派閥力学に基づいた総裁選とはまったく様相の異なる展開であった。この選挙戦を通して、小泉は自身の命綱が自民党議員ではなく、無党派を含む一般大衆に握られていることをよく理解したに違いない。

その後の人事で、小泉は慣例とされていた派閥からの推薦を一切受け付けず、「一本釣り」の人選を貫き、早速、自民党内に衝撃を与えた。党人事では、幹事長に盟友の山崎を置き、三役から橋本派を排除した。閣僚人事では、石原伸晃《のぶてる》（行革担当相）、田中眞紀子《まきこ》（外相、角栄の子）といった人気の政治家を配し、構造改革推進の柱として民間から経済学者の竹中平蔵《たけなかへいぞう》（経済財政政策担当相）を起用している。所信表明演説では、「構造改革なくして日本の再生と発展はない」とし、「既得権益の壁にひるまず、過去の経験にとらわれず」改革を断行すると力強く述べた。

こうした小泉内閣の陣容と訴えを、国民は熱狂をもって迎えた。発足当初の内閣支持率は、読売新聞調査で87％、毎日新聞調査で85％など空前絶後の数値を記録している。森から小泉への総裁交代は、自民党にとって起死回生の一手となった。その効果は早速、６月の東京都議選で明らかになる。ここで自民党は公認候補55人中53人を当選させ、都市部での党勢回復を印象づけた。

「小泉旋風」は２００１年７月の参院選でも吹き荒れる。前年に法改正があり、今回から比例代表選挙は非拘束名簿式（比例名簿順位をあらかじめ固定せず、有権者による候補者名での投票結果の順とする）で行われている。投票の結果、自民党は比例代表で前回参院選より７００万票近く多い２１１１万票を集め、計64議席を獲得する大勝利を収めた。同党は都市部を含め、あらゆる地域で大幅に得票を伸ばし、無党派層の票を集中させた。自民党の獲得議席が改選過半数を越えたのは、１９９２年参院選以来のことである。

民主党は、自民党が候補者数を絞りすぎていたこともあって前回並みの26議席を得たが、特に比例票が低迷し、敗北感が漂った。その他の野党では、特に都市部で比較的強いはずの共産党が獲得5議席のみと、前回（15）より大きく減らしている。

## 聖域なき構造改革

小泉政権はこの後、5年以上にわたって続くことになる。その間、経済財政システムについて、政権は多くの改革を推し進めた。目標に比べ後退したと評価された部分もあったにせよ、全体として見た場合、小泉改革の内容とそれを実現した手法は、従来の自民党政権においておよそ考えられないものだった。

小泉改革の基本的方向性は、「小さな政府」あるいは新自由主義志向である。橋本政権以来、不況下で財政再建路線は挫折してきたのであったが、「改革なくして成長なし」というスローガンの下に、小泉は財政再建派と景気対策派の対立を止揚した。具体的に進められたのは、公共事業費削減、福祉支出抑制、特殊法人改革（道路公団民営化、郵政民営化など）、地方自治制度に関するいわゆる「三位一体改革」（自治体への補助金カットを含む）、規制緩和（労働者派遣法改正など）、金融機関の不良債権処理などである。

こうした政策の多くは、関係業界団体など既得権者からの大きな反発を呼ぶ。その中には（後述の全国特定郵便局長会をはじめ）自民党の友好団体も多く含まれたのであり、小泉改革はまさに「自民党をぶっ壊す」政策と見られた。族議員たちが激しく抵抗したのも当然であったろう。

与党内の強い反対論を排し、「官邸主導」によって改革を実現していった小泉の原動力は二つあった。一つは、一般国民（世論）からの強い期待である。景気低迷が続き、社会の閉塞感が強まる中、有権者の多くは、従来型の経済政策を続け、一向に状況を好転できない既成の政治勢力に強い不信感を持っていた。この空気を読み取った小泉は、政界での反対を恐れず、あるいはむしろ、あえて反対の強い政策を打ち出して「抵抗勢力」を浮き上がらせ、それとの対決姿勢をアピールすることで、国民からの支持をさらに高めようとした。メディアを通した煽情的《せんじょうてき》なパフォーマンスで大衆人気を得る小泉の政治スタイルは「ポピュリズム」だと揶揄されたが、たしかにこの面での才能を小泉ほど豊かに持った首相はかつてなかった。

さらにもう一つ、小泉首相が指導力を発揮できた要因として重要であったのは、官邸主導の政策立案を可能にする制度的条件が整備されていたことである。細川内閣や橋本内閣が進めた政治行政改革は、政党執行部や首相の権限を強め、リーダーシップを発揮できる仕組みを作ることを狙いに含んでいた。小泉はこれらの改革の成果をいかんなく利用した。

橋本行革の内容（内閣府設置、内閣官房強化など）が実施されたのは２００１年１月からで、小泉政権の登場に合わせたかのようである。小泉は、特に内閣府内の経済財政諮問会議を活用し、竹中大臣を司令塔として多くの改革案をトップダウンで打ち出していった。打ち出された改革案に消極的な自民党内の族議員たちも、小選挙区制の下で公認権を持つ執行部（官邸）の意向には容易に逆らえない。それまでの改革の成果の上に乗り、さらに構造改革を推進した小泉はまさに「改革の時代」の申し子と言えた。

## 外交・安保政策の転機

小泉政権の時代は、外交・安保政策の面でも画期となった。これは国際情勢の緊迫化による部分が大きい。2001年9月11日、米国で同時多発テロが起き、ブッシュ政権は翌月にアフガニスタン・タリバン政権への攻撃を開始した。支援を求める米国に対し、「湾岸のトラウマ」を抱える日本政府はただちに協力を表明し、テロ対策特別措置法を連立与党で成立させ、11月からインド洋に自衛隊を派遣している。自衛隊が日本周辺を離れた地で戦争協力するという、戦後初めての経験であった。憲法上、認められないとされていた集団的自衛権行使にあたるのではとの懸念が与野党から示されたが、政府は合憲との立場を貫いた。小泉政権は、その後のイラク戦争に際しても、特措法制定により04年1月から自衛隊を現地に派遣している。

小泉政権期には、対北朝鮮外交でも大きな動きがあった。北朝鮮は１９９０年代から、核開発やミサイル実験、「不審船」による領海侵犯を繰り返すなど、安全保障上の大きな脅威となっていた。こうした中、小泉首相は２００２年９月、電撃的に北朝鮮を訪問し、金正《キムジョン》日《イル》総書記との首脳会談に臨んだ。そして会談の結果、小泉は北朝鮮の拉致《らち》問題（日本人が北朝鮮に拉致連行された一連の事件）への関与を明らかにするという成果を挙げている。さらに首相は04年5月に再訪朝して、拉致被害者の一部の帰国を認めさせた。

小泉純一郎（右）とブッシュ（2001年6月、読売新聞社）

このうち２００２年の訪朝は、政権2年目における「小泉劇場」のハイライトとなった。この年の前半期は、官僚との関係を拗《こじ》らせた田中外相（大衆人気の高い政治家であった）を更迭した問題などがあり、内閣支持率が下がり気味であったが、訪朝を機に雰囲気は一変した。国民の多くは小泉外交を評価し、再び支持を強めたのである。これにより、小泉政権は、長期化に向けて再びエネルギーを充塡《じゅうてん》することに成功した。また、拉致問題をめぐる交渉の過程で、安倍晋三《しんぞう》官房副長官が特に北朝鮮に強硬な姿勢を取って名を上げたが、日本政治の以降の展開を考えれば、これも重要な意味を持った。

さらに、小泉政権はいわゆる有事法制（他国から武力攻撃を受けた際に超法規的措置を取らずに済むよう、政府の権限やその限界を定める法律）を整備した点でも画期的である。政府は55年体制期から有事法制の必要性を認識しつつも、世論や野党の反発を恐れて立法化を見送ってきた。しかし２０００年代に入り、国際テロや北朝鮮の脅威に対する国民の意識が高まったことで、法制整備に向けた機運が醸成《じょうせい》された。またこの時期、最大野党の民主党が、外交・安保政策面で建設的な対案路線を採ろうとしていたことも大きい。有事法制問題は03年と04年の通常国会で焦点となったが、政権側が民主党の修正案を取り入れるなどした結果、関連法案は社共以外全党の賛成により可決されている。

### 二大政党の戦い

政局の動きに話を戻そう。まず、野党側で大きな政党再編があった。２００１年参院選で低迷した民主党は、その後も改革派政権を前にして（また対案路線の帰結として）埋没気味で、支持を伸ばせずにいた。そこで同党では、局面打開のため自由党との合流が模索されるようになり、紆余曲折《うよきょくせつ》を経て03年9月に「民由合併」（民主党による自由党の吸収合併）が実現する。民主党内では小沢一郎自由党代表に警戒心を持つ議員も多かったが、解散総選挙が近いと見られたことが合流の機運を高めた。この再編により、新進党崩壊以来、断片化されてきた野党が（社共という既成野党の存在を除いて）民主党に集約された形である。

2003年9月には、自民党総裁選も行われている。小泉のほか、亀井、藤井孝男《ふじいたかお》（元運輸相）、高村正彦《こうむらまさひこ》（元外相）が立候補し、それぞれ399、139、65、54票を得る結果で小泉が悠々と再選を決めている。このうち藤井の属した橋本派は最大派閥であったが、参院自民党の実力者・青木幹雄を中心に小泉支持を明らかにしたメンバーも多く、分裂状態に陥った。この結果を見た小泉は、「派閥の機能は変わった」（朝日新聞2003年9月21日付）と述べ、自民党組織の変化を強調している。

再選された小泉は、いまだ当選3回の安倍を幹事長職に抜擢し、またもや党内外を驚かせた。そのうえで、首相は臨時国会を召集し、10月に衆議院を解散した。

11月に実施された総選挙は「マニフェスト選挙」と呼ばれ、各党がそれまでになく詳細な選挙公約集（マニフェスト）を提示し、その内容をアピールし合う選挙戦となった。1990年代からの政治改革運動で目指された、政党間で具体的政策を競い合う選挙を実現しようとしたもので、民主党が主導した動きである。

選挙結果は、前回を上回る237議席を獲得するという、自民党にとって大過ないものだった。にもかかわらず、与党が苦戦したとの印象を持たれたのは、民主党が大躍進を果たしためである。民主党は選挙前137議席を大幅に伸ばす177議席を獲得し、比例代表では自民党の2066万票を超える2209万票を集めた。その他の野党は軒並み議席を減らしており、自民党・民主党の二大政党の戦いという構図がいよいよはっきりした。

選挙結果を受けて、自民党執行部は続投となったが、連立政権の枠組みには変化があった。保守党は保守新党に衣替え（民主党離党議員を加えるため2002年12月に結成）して衆院選に臨んだが、海部俊樹、二階俊博ら4名しか当選を果たせず、まもなく自民党に吸収された。これ以降は名実ともに自公政権である。

年が明けて2004年の通常国会では、年金制度改革が焦点となり、それに付随して閣僚の保険料未納が指摘され、政府与党は野党から厳しく追及された。この問題により、福田康《やす》夫《お》官房長官が5月に辞任するなど、政権は手痛い打撃を受けている。もっとも、民主党の側でも、問題を追及していた菅直人代表自身に未納期間があったと報じられ、党首交代を余儀なくされた。新代表には岡田克也《おかだかつや》が、鳩山由紀夫・菅以外から初めて選出されている。

7月の参院選では、年金問題に加え、イラクへの自衛隊派遣の是非も問われた。結果は、はっきり自民党の負けであった。この選挙で民主党は、自民党（49議席）を上回る50議席を獲得している。特に比例代表では、民主党は2113万票を集め、自民党（1679万票）を圧倒した。非改選議員を合わせた総数では連立与党はなお参院過半数を維持したが、近い将来の逆転も視野に入る結果であった。

自民党内では、橋本派が政治資金に関するスキャンダル（日歯連事件）で揺れていたこともあり、「小泉おろし」は大きな流れにならなかった。しかし9月、敗戦の責任を負った安倍幹事長は辞任している。政権発足から丸3年が経過し、小泉の政治力にもいよいよ陰りが見えた、かと思われた。

**郵政選挙**

ところがここで、反小泉派に譲歩するどころか、あえて党内外で特に反対の強い郵政民営化を推し進めたところが、死中に活を求める、いかにも小泉らしい勝負術であった。自民党の友好団体の中でも指折りの集票力を持つ全国特定郵便局長会は明確に民営化反対で、多くの自民党議員が改革推進による自身の選挙への影響を恐れた。また郵政関係の労働組合も民営化には反対で、共産党や社民党だけでなく、連合を支持団体に持つ民主党も消極的であった。小泉は、こうした「聖域」にあえて踏み込み、強大な抵抗勢力と対峙する姿勢を示すことで、世論の支持（特に都市部で民営化賛成論が強かった）を背景に求心力を取り戻そうとした。

郵政民営化法の成立過程は、官邸の強い意志を反映し、自民党政権下の立法としてきわめて異例の経緯をたどる。まず、２００４年9月に小泉内閣は郵政民営化の基本方針を閣議決定したが、与党の実質的な事前審査を経ない独走であった。その後05年には法案の詰めの段階に入ったが、政府案は自民党内で容易に了承を得られず、最終的に6月、総務会の多数決によってなんとか党議決定にこぎつけた。総務会の決定は通例、全会一致制で行われており、この手続きはいかにも強引であった。

法案の国会審議は案の定、与野党からの反対論で紛糾した。２００５年7月に行われた衆院本会議採決では、自民党から51名もの造反（反対・棄権）が出て、薄氷の5票差となったが賛成多数で可決された。大量の造反が出たとはいえ、可決まで持ち込めたのは、小泉による解散と公認剝奪の脅しが衆院議員に効いたからであろう。しかし問題は、その脅しが効かず、もともと与野党の議席差が小さい参議院である。結局、8月に行われた参院本会議採決で、自民党から30名の造反が出て、法案は否決されてしまう。

小泉はこの結果を政権への不信任と見なし、即座に衆議院を解散した（いわゆる「郵政解散」）。民営化法案の否決には解散で応じると首相は早くから示唆していたが、総選挙で自民党が勝てる保証はなく、そもそも参議院での否決に対し、衆議院を解散するのは無理筋との見方も強かった。首相は、こうした常識的見方を一蹴した。

選挙戦は異様な盛り上がりを見せた。自民党執行部は民営化反対派を公認せず、代わりにその議員のいる選挙区に対抗馬を立てた。この「刺客」には小池百合子や堀江《ほりえ》貴文《たかふみ》（推薦）といった知名度のある候補者が含まれ、ワイドショーなどテレビ番組で連日、おもしろおかしく取り上げられた。造反議員側でも国民新党を結成するなどして小泉自民党との対決姿勢を露わにした。事実上、衆院選は郵政民営化への国民投票の様相を呈し、野党第一党である民主党の存在は完全に埋没した。

9月に実施された衆院選の結果は劇的であった。自民党は296議席を得て、公明党の31議席を加え、連立与党で3分の2以上を占める地滑り的勝利を収めた。注目を集めた選挙で投票率も高まり（67・5％）、自民党は無党派層の票を集中的に得て、特に都市部で過去にない強さを見せた。その影響は、これまで都市部を中心に伸びてきた民主党を直撃する。同党は113議席獲得にとどまり、選挙前から64減らすという大打撃を受けた。ただ、その他の野党の議席数はやはり「どんぐりの背比べ」状態で（共産党9、社民党7、国民新党4など）、野党第一党としての存在感は辛うじて保った形である。

選挙後、小泉内閣は郵政民営化法案を改めて国会に提出した。国民のお墨付きを得たということで、今度は参議院も含め、ほぼすべての自民党議員が賛成に回り、あっさりと可決された。

### 転換点としての小泉政権

郵政民営化をめぐる政局から衆院選の流れには、小泉政治の特徴が集中的に表れている。官邸主導によるトップダウン型の政策立案や、抵抗勢力を浮き上がらせ、妥協するどころか対決の図式をあおることで、大衆からの喝采を得、目的実現を図るといった「劇場型」政治手法がそれである。与野党を問わず反対の強い旧来的システムの変革を、首相のリーダーシップによって実現せしめたという点では、小泉政権期というより「改革の時代」全体を象徴する政治過程であったとも言える。小泉政治は「改革の時代」の頂点であり、2005年の「郵政選挙」は小泉政治の頂点であった。

だが時代の頂点は、同時に時代の曲がり角を意味する。小泉政権の退場とともに、政界から、そして社会から体制改革への機運は失われていくのである。その大きな理由は、逆説的にも1990年代から続く体制改革の「成功」にあった。

郵政政局によく表れたように、首相の指導力強化という1990年代の政治制度改革の狙いは、その主唱者たちの期待通りに、十分すぎるほど実現された。小泉政権期には、野党だけでなく与党議員からも「強すぎる首相」への懸念が示されたほどであった。

政策内容面でも、小泉の経済構造改革は（しばしば骨抜きにされたと批判されたが）社会的に大きなインパクトがあった。小泉政権は財政支出を切り詰め、国債発行の抑制に成功している。金融機関の不良債権は整理され、任期途中に景気も上向いた。しかしその一方、今度は、新自由主義的政策の副作用として「格差社会」化が懸念され、改革路線の見直しを求める声が高まろうとしていたのである。

# 第5章　「再イデオロギー化」する日本政治

本章では、２０００（ゼロ）年代中葉から20年までを扱う。安倍晋三の政権（第一次）に始まり、彼の政権（第二次）に終わる期間である。

この間に「改革の時代」は黄昏《たそがれ》を迎え、日本政治は「再イデオロギー化」していく。すなわち、憲法問題や防衛政策といった保革対立争点が、再び政界の焦点となっていく。55年体制的な政策的対立構造への回帰の過程と言ってもいい。政党の競争力という点でも、紆余曲折を経て２０１２年衆院選以降、一強多弱（保守一党優位）になり、55年体制的状態に戻ってしまう。

もっとも、以上のことは、「改革の時代」に目指され、実施された諸改革がまったく何の効果も生まなかったことを意味しない。むしろ、諸改革の「成功」――2009年の政権交代は最大の成果である――こそが皮肉にも改革競争の時代を終わらせ、戦後政治の「地金《じがね》」たる保革イデオロギー対立を再びむき出しにさせた。そしてその帰結として、保守政党が政権担当能力イメージを独占し、野党が分断されるという55年体制型政党システムが復活した、と見るべきであろう。以下で明らかになるのは、こうしたきわめて逆説的な歴史の展開である。

## 1　ポスト小泉政権の蹉跌

### 小泉から安倍へ

2005年9月の郵政選挙で自民党を大勝に導いた小泉純一郎首相は、その後も高い人気を維持したが、翌年秋の総裁任期満了で勇退する意向を表した。当時、ポスト小泉の有力候補と見られたのは「麻垣康三《あさがきこうぞう》」、すなわち麻生太郎（外相）、谷垣禎一《たにがきさだかず》（財務相）、福田康夫（前官房長官）、安倍晋三（前幹事長）の4人である。このうち、小泉自身の意中の後継者は安倍で、郵政民営化法成立後に彼を官房長官に抜擢したのは、政権禅譲のための布石であった。小泉の見るところ、安倍は国民に人気があるうえ、4人の中で構造改革路線を最もよく継いでくれると期待できた。

ここで、当時の自民党内派閥の状況について整理しておこう（図5－1）。まず安倍と福田の属する清和会（1998年から正式名は清和政策研究会）は、森喜朗・小泉と続けて首相を出すなど、55年体制期に比べ存在感を高めていた。所属人数の面でも、郵政選挙後には最大派閥になっている。この後、小泉内閣退陣を機に（2006年10月）、会長の座は森から町村《まちむら》信孝《のぶたか》へと継承される。

旧竹下派（経世会）の系譜である平成研究会は、小泉首相から「古い自民党」の象徴と見なされ、露骨な冷遇や派内分断策を受けて勢力を弱めていた。ポスト小泉レースには、自前候補を立てることすらできていない。この派閥の会長は2005年11月から、橋本龍太郎の跡を継ぎ、津島雄二《つしまゆうじ》が務めている。

平成研とともにかつて長らく主流派を成した宏池会も、分裂が重なり、勢力を弱めていた。まず1998年12月に、宮澤喜一から加藤紘一への会長継承に反発した河野洋平ら16人が脱退している。このとき河野と行動をともにした麻生が、2006年12月よりこの離脱組を率いることになる。宏池会はさらに、「加藤の乱」後に加藤派と反加藤派に分裂し（ともに宏池会を名乗った）、小泉政権末期にはそれぞれ谷垣禎一と古賀《こが》誠《まこと》が主導していた。

図 5-1　自民党派閥の系譜（ポスト55年体制期）

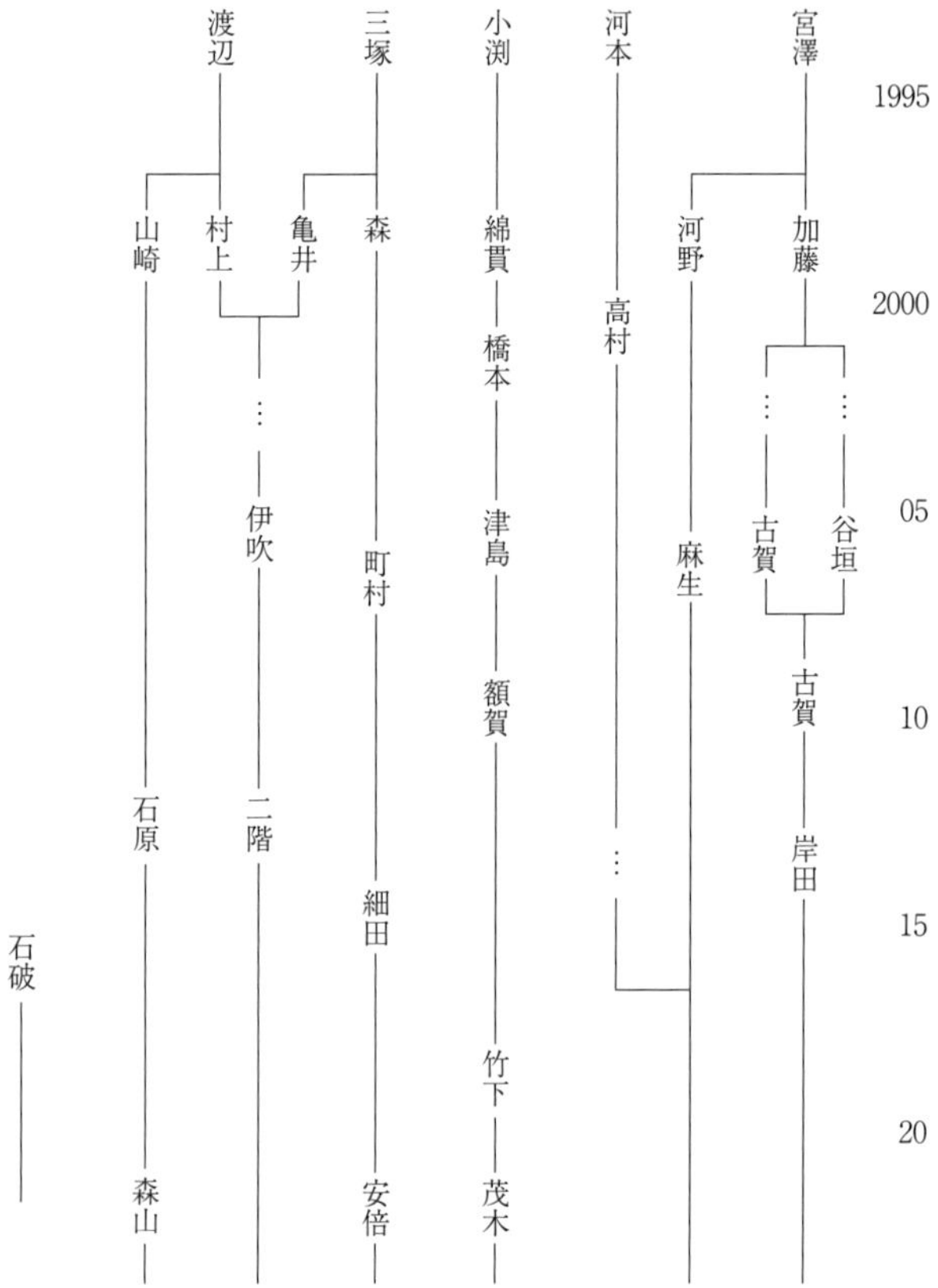


出典：朝日新聞記事等をもとに筆者作成

旧中曽根派の流れである政策科学研究所(旧渡辺派)もまた、1998年11月に山崎拓を支持する若手・中堅グループ(近未来政治研究会)が離脱し、真っ二つに割れている。残留組は清和会出身の亀井静香らと合流し99年3月より志帥会《しすいかい》を名乗るようになる。亀井らが郵政政局で自民党を離れた後は、伊吹文明《いぶきぶんめい》が同会を率いた。主要派閥の最後に、旧三木派にあたる番町《ばんちょう》政策研究所(旧河本派)では、2000年7月より高村正彦が会長を務めている。

このように、小泉政権末期においても55年体制期以来の旧5大派閥の系譜は残っている。しかし、多くの派で結束が乱れ、分裂も相次ぐようになっていた。さらに、郵政選挙で大量当選した新人議員(通称「小泉チルドレン」)が、小泉の示唆により派閥加入に消極的であったため、この時期、無派閥議員も2割程度にまで増加していた。

さて2006年9月の自民党総裁選は、安倍と同派閥の福田が出馬を避けたため、結局3人での対決となった。投票結果は安倍464票、麻生136票、谷垣102票で、安倍の圧勝に終わっている。「小泉チルドレン」が、師の意向に沿って、大挙して安倍に投票したことが結果に大きく作用した。

組閣は、前政権に続いて派閥推薦に依らない首相主導の形で行われ、塩崎恭久《しおざきやすひさ》官房長官、菅義偉《すがよしひで》総務相など、安倍に人脈的、思想信条的に近い議員が多く登用された。この布陣は「お友だち内閣」と揶揄されることになるが、ともあれ発足当初の内閣に対する支持率は小泉内閣、細川内閣に次ぐ高水準で、まずは上々の滑り出しを見せた。

### 「戦後レジーム」への挑戦

安倍は1954年生まれの当時52歳で、戦後最年少での首相就任となった（初の戦後生まれの首相でもある）。祖父は岸信介、大叔父は佐藤栄作、父は安倍晋太郎という名門政治家一族の出である。総理総裁まであと一歩のところで病死した父の地盤（旧山口1区）を受け継ぎ、93年衆院選で初当選した。所属派閥は当然、父の率いた清和会である。首相就任時の当選回数は5回にすぎず、自民党政権における従来の相場に照らせば、驚異的な出世スピードと言える。安倍がこの時点で首相にまでなれたのは、小泉の場合もそうであったが、「党の顔」が重要になったという、選挙制度改革後の政治状況なしには考えられない。

思想信条の面では、安倍は、北朝鮮に対する強硬姿勢で名を上げたことにも表れているように、自民党の中でも特に右派的、タカ派的な人物として知られた。この点では、同じく清和会の小泉と比べても、安倍は伝統主義的価値観をより重視し、ナショナリストとしての側面が明らかに強かった。

そうした安倍の志向は、総裁選で掲げた「戦後レジームからの脱却」という政権目標によく表れている。このスローガンには小泉改革路線の継承という意味合いも含まれたが、その中核的な意図は、「この国の基本を形作る憲法や教育基本法など（中略）日本が占領されていた時代に制定された」統治の仕組み（10月4日参院本会議での発言）、つまりは戦後憲法体制そのものの修正にあった。この目標を達するため、安倍は小泉内閣期から、政権与党幹部として積極的に動いてきた（一例として、２００５年11月に採択された「新しい憲法の制定」を掲げる自民党の新綱領は、安倍幹事長代理の主導で作成されたものであった）。そして自ら内閣を率いることになったいま、理想の実現に向けて、安倍の意気込みにはひとかたならぬものがあった。

安倍晋三（2006年9月、読売新聞社）

まず、２００６年９月からの臨時国会で、安倍が最優先課題に位置づけ、特に論争を呼んだのが、教育基本法改正の問題である。教育基本法は、教育勅語に代わる指針として敗戦後に定められた、ＧＨＱ民主化改革の代表的成果である。それがゆえに、同法の改廃は、憲法改正問題と並んで、戦後を通して保守・革新陣営間の（象徴的な意味ではきわめて）重要な争点であり続けてきた。今回の政府による改正案は、「我が国と郷土を愛する」態度の涵養《かんよう》を教育の目標に含めるなど、保守派の意向に沿った内容となっていた。同法案は、共産党や社民党はもちろん民主党まで反対に回る対決法案となったが、与党による強行採決を経て12月に可決された。

安倍政権は、防衛政策の面でも次々に施策を打ち出している。以前からの懸案であった防衛庁の省への昇格は、2006年12月に実現された。集団的自衛権行使の解禁や国家安全保障会議（日本版NSC）の設置に向けた検討作業も進められていった。こうした政権の積極的な動きは、左派の政治家や知識人に警戒心を抱かせるに十分であった。

## 「戦う民主党」路線へ

一方、野党第一党の民主党は、しばらく冬の時代を耐えねばならなかった。郵政選挙の結果を受けて岡田克也代表が退き、2005年9月の代表選で選出されたのは、日本新党出身で党内右派を代表する前原誠司であった。当時まだ43歳であった前原は、民主党の新しい顔として活躍を期待された。ところが06年の通常国会で、民主党議員が信憑性《しんぴょうせい》の疑わしい情報に基づいて自民党幹事長を追及した件（偽メール事件）が大問題になり、前原は代表就任からたった半年ほどで引責辞任に追い込まれてしまう。

2006年4月の代表選には、03年の「民由合併」以来、雌伏してきた小沢一郎が名乗りを挙げた。対抗馬には菅直人が立ったが、結果は小沢の勝利に終わっている。党勢が停滞する中、すでに何度か代表を務めた菅ではなく、「剛腕」の小沢に局面打開が期待されたのである。小沢新代表は、党創業者の鳩山由紀夫、菅をそれぞれ幹事長、代表代行に就け、実力者3人の「トロイカ」体制を敷いて小泉・安倍政権と対峙した。

民主党内では結成以来、政権与党に対するモードとして、対案路線と対決路線とがせめぎあってきた。対決一辺倒では、かつての革新政党のように「何でも反対」（＝政権担当能力を欠く）野党に見られると懸念された反面、対案（是々非々）路線に終始しても与党との違いが分かりづらく存在が埋没しがちになる。このジレンマの中で、二つの路線のどちらに重心を置くかは、各時期の党首の判断で揺れている。岡田・前原執行部は対案路線に傾いたが、その反動として小沢執行部は対決路線へと大きく舵を切った。

「戦う民主党」への転換は、経済・社会政策において明瞭に表れた。小沢民主党は、政権与党との差異を強調し、左傾化と言うべき路線を採るようになったのである。もともと民主党は、新自由主義志向の議員を多く擁していたこともあり、小泉改革に対して応援こそすれ正面から反対はしてこなかった。これに対し小沢執行部は、構造改革路線の修正を強く求め、社会的格差の是正を優先課題として押し出すようになった。当時、低収入の派遣労働者の増加や地方経済の疲弊が社会問題化しており、格差問題を争点化させることで政権を追い詰められると見たのである。来る参院選用のスローガン「国民の生活が第一。」は、そうした小沢民主党の戦術を象徴したものだった。

### 憲法問題の復活

右派イデオロギーを信奉する安倍政権と「戦う民主党」の誕生は、日本政治に対立争点としての憲法改正問題を呼び戻したという、重要な含意を持っている。

55年体制が終わって以降、自民党が復古主義的改憲論を抑制したことに加え、既成革新野党に代わって台頭した改革派新党が（9条以外も含む）改憲に多かれ少なかれ理解を示したため、憲法問題はしばらく主要政党間の対立争点から外れていた。民主党も一般論として改憲には前向きで、前章でもふれたように、1990年代末には国会の憲法調査会設置を率先したほどである。2005年10月には、小泉自民党の「新憲法草案」発表とほぼ同時に、前原民主党も対抗するような形で「憲法提言」という詳細な改憲構想をまとめている（なお、いずれの改憲案も保守色は抑えられた内容であった）。こうした流れで、小泉政権終盤には、国民投票法（改憲国民投票の手続きを定める法律）を与野党共同で取りまとめ、成立させる方向で進んでいた。

旧社会党出身者など左派系議員を多く擁する民主党において、こうした積極姿勢が打ち出せたのは、この時代、憲法改正という争点が、「軍国主義か民主主義か」というイデオロギー的問題としてではなく、「守旧か改革か」という体制改革論の一環という枠組みで理解されたことによる。「戦前への回帰」ではなく、「戦後憲法体制のバージョンアップ」という触れ込みがなされている限り、左派系議員も改憲に積極的な反対を唱えなかったということである。

ところが、「改革の時代」が曲がり角を迎え、復古主義的な改憲を目指す（と理解された）安倍政権が誕生すると、これと対峙する民主党の憲法問題への姿勢も変化せざるを得ない。国民投票法案については、小沢新体制になって、民主党は共同提案の枠組みから降り、さらには与党案の審議を拒否したことで、成立が結局２００７年5月までずれこむことになった。民主党は国民投票法案に最終的に反対に回っただけでなく、安倍首相の積極的な言動に対抗して、改憲そのものにも反対姿勢を強めていくことになる。かくして、憲法問題は政党間の対立争点として再浮上した。

この後、政権は次々に代わり、各首相の憲法問題への姿勢は様々であった。しかし、国民投票法という改憲発議の前提が整備され、憲法審査会（２００７年8月に衆参両院に設置）という論議の場が常設されたこともあって、これ以降、憲法問題は定期的に争点化するようになる。

## 自民党改革路線の揺らぎ

ところで、格差社会化や地方経済の疲弊といった小泉改革の副作用は、安倍政権にも何らかの対応を迫る問題であった。この点について民主党が厳しく追及しただけでなく、自民党内でも総裁交代を機に「抵抗勢力」の巻き返しの動きが強まっていたのである。そもそも安倍自身、突き詰めた新自由主義信奉者でなかったうえに、自民党の伝統的支持層や友好団体を切り捨てて無党派層へのアピール一本に絞るという思い切った考えもなかった。

しかし他方で、少なくとも無党派層あるいは都市中間層の間ではなお、「抵抗勢力」に対する負のイメージが消えていたわけではない。小泉改革は劇的であったが、それでも日本の政治経済を蝕《むしば》む「政官業の癒着《ゆちゃく》」や「既得権益」が死滅したとは考えられておらず、改革推進のアピールは世論になお訴求力を持った。また、そもそも安倍首相は小泉の後継者という触れ込みで登場したので、路線の安易な修正は難しかった。

こうしたジレンマが象徴的に表れたのが、郵政民営化反対議員の復党問題であった。総裁交代直後から、郵政政局で離党した議員の復帰を認めるべきとの声が自民党内で強まり、執行部が対応を迫られたのである。この背景には、来る参院選で離党議員たちを戦力に加えたいという、青木幹雄参院議員会長らの要望があった。しかし党内には（小泉前首相を含む）

慎重派も当然おり、この問題は拗れた。結局、野田聖子《のだせいこ》ら11名の復党が2006年12月に認められたが、案の定世論には不評で、この間、内閣支持率は低下の一途をたどった。

実際のところ、安倍政権を小泉以前の自民党政権への逆戻りと見るのは適切ではない。財政面で見た場合、安倍政権は前政権の緊縮路線を維持し、公共事業費の削減も続けている。しかし安倍首相が、小泉のような改革者としての明快なイメージを国民に持たれることはついになかった。これは、安倍が小泉ほどの大衆アピール力を持たなかったことにもよるが、より構造的な要因としては、「小さな政府」路線の望ましさを一方的に主張しにくくなったという時代状況があった。要するに、ポスト小泉期の政権たる安倍内閣は、改革のアクセルとブレーキを同時に踏むことを求められ、苦しんだのである。

## 地方の反乱？

だが、政策路線の問題以上に安倍政権の体力を奪ったのは、政権幹部の度重なる不祥事であった。特に問題となったのは事務所費をめぐる不正経理疑惑で、佐田玄一郎《さたげんいちろう》行革担当相、松岡利勝《まつおかとしかつ》農相、赤城徳彦《あかぎのりひこ》農相のずさんな政治資金の使い方の実態が報じられた。また、柳沢伯夫《やなぎさわはくお》厚労相の「女性は産む機械」発言（2007年1月）、久間章生《きゅうまふみお》防衛相の「「長崎への原爆投下は」しょうがない」発言（07年6月）をはじめ、失言の類も多かった。一連の不祥事により、次々と閣僚が辞任に追い込まれ、首相も人選ミスや閣内ガバナンスの不全という面で責任を問われることになる。

さらに、2007年に入り、「消えた年金」問題、すなわち公的年金保険料の納付記録に漏れがある問題が明らかになった。これは安倍内閣の失政とは言えなかったが、民主党が「生活第一」路線を採る中、福祉制度の欠陥が明らかになったのは、政権にとって致命的であった。民主党は通常国会でこの問題を重点的に取り上げ、過去を含む自民党政権全体の責任を追及していく。その結果、報道各社の世論調査では、内閣支持率だけでなく、自民党に対する支持率も低下の一途をたどり、夏にはついに民主党に並ばれるという、歴史的な局面を迎えた。

こうした中、7月に参院選が実施される。前回(2004年)の参院選では、小泉が首相だったにもかかわらず、民主党の躍進が目立ったのである。まして今回、自民党にとってより厳しい結果となることが予想されたが、それにしても現実は想像以上に厳しかった。自民党の獲得議席は37にとどまり、1989年選挙に並ぶ大敗となった。これに対し、民主党は60議席を得て、非改選議席を合わせた総数でも第一党に躍り出た。「ねじれ国会」の再来である。

以上の結果は、それまでの経緯からいって、地方住民による小泉改革へのバックラッシュ

(反動)であるとする見方が広がった。構造改革によって疲弊した地方が、自民党に反旗を翻したというのである。農村地域の多い1人区で同党が6勝23敗に終わったことがこの見方を補強した。自民党自体、選挙後の総括で「都市部との格差や置き去り感から、地方の反乱とでも言うべき猛烈な反発が拡がっている」ことを敗因に数えている。

もっとも、比例得票数という点で見れば、小泉政権時代の2004年参院選と07年参院選とで、どの地域でも自民党の成績はさほど変わっていない。今回、自民党の議席数が大きく減ったのは、じつのところ、社民党や国民新党との選挙協力が進んだ結果として、1人区における民主党候補の得票が伸びたことによる部分が大きかったのである。ところが、政界ではこの点は見過ごされ、あるいは意図的に軽視され、もっぱら「地方の反乱」という側面が強調された。このことは、参院選後に自民党が反小泉改革路線に明確に舵を切っていくきっかけとなる。

安倍首相は参院選後も続投の意思を見せ、内閣改造も実施している。しかし、体調の悪化もあり、9月になって突如、退陣の意向を表した。この1年は、それまで順風満帆《じゅんぷうまんぱん》そのものの政治家人生を歩んできた安倍にとって、きわめて深刻な挫折体験となった。しかしこの苦い経験は、のちに再び総理総裁として復権した際、大いに活かされることになる。

## 大連立構想の挫折

2007年9月の自民党総裁選は、福田康夫と麻生太郎の一騎打ちになり、福田の勝利に終わった（330票対197票）。最大派閥の町村派が福田支持でまとまり、他派も勝ち馬に乗ろうとした結果である。もっとも、麻生にとっても、党員票数で福田を上回り、国会議員票でも各派から「造反」票を集めるなど、存在感を示す選挙にはなった。

福田は赳夫の長男で、当時（奇しくも父の首相就任時と同じ）71歳である。福田はもちろん清和会に属してきたが、小泉や安倍に比べると、ハト派あるいはリベラル志向が強い。近隣外交に気を配り、首相の靖国神社参拝に明確に反対し、集団的自衛権行使の解禁にも慎重姿勢を示した。また福田は、格差拡大といった小泉改革の副作用を懸念し、（麻生ほど明確でなかったにせよ）その修正も示唆している。要するに、福田総裁の誕生は、自民党内における「脱小泉」志向の強まりを意味した。

9月下旬、福田内閣が発足した。内閣の顔ぶれはほぼ前政権を引き継いだものとなったが、首相を代えた効果が出て、発足直後の内閣支持率は低くなかった。ただ、福田自身「背水の陣内閣」と呼んだように、「ねじれ国会」の下で、政権の前途が多難となることは明らかであった。

当時、政府にとって喫緊の課題は、補給支援特措法（新テロ特措法）を成立させることで

福田康夫（左）と麻生太郎（2007年9月、読売新聞社）

あった。小泉政権期に制定されたテロ特措法に基づき、２００１年以来、インド洋上で米英軍等に対する自衛隊の支援活動が行われてきたが、同法は07年11月に期限切れを迎える。そこで、特に米国との関係を重視する政府としては、活動継続のための新法制定を目指していた。そこに立ちはだかったのが、参院第一党となった民主党である。そもそも政府が旧特措法の延長を断念したのも、対決路線を採る同党が反対に回ったためであった。

この状況で急に持ち上がって消えたのが、二大政党による「大連立」構想である。民主党の政権入りは、福田首相が望んだだけでなく、民主党代表の小沢も、おそらくは同党の政権担当能力の証明につながると見て前向きになった。対案路線と対決路線の相克は、表向き後者に軸足を置いていた小沢個人の中にもあったということだろう。こうして11月初頭の党首会談で、いったんは「大連立」合意がなされた。ところが結局、民主党内の反対が強かったために合意は反故《ほご》にされ、一時は小沢が代表辞任を申し出る騒ぎになった。

## 決められない政治

これ以降、民主党は対決路線にふりきれ、徹底して政権与党の足を引っ張る戦術を貫いていく。新テロ特措法案についても、民主党は自衛隊の給油活動を違憲であると主張し、成立阻止に向けて抗戦した。自党の政権担当能力を示すよりも、自民党による統治の機能不全を国民に印象づけることを優先する作戦である。

当時、連立与党は衆議院で3分の2以上の議席を占めており、参議院が反対しても、衆院再議決という手段で法案を成立させる道は残されている（実際この手段によって新テロ特措法は成立した）。しかしこの状況でもなお、参議院の抵抗（審議引き延ばし）は政治的に重大な影響をもたらす。憲法59条によれば、衆院再議決が可能になるまで参議院は60日間も時間稼ぎすることができるし、そもそも審議の案件によっては衆議院の優越規定がなく、参議院が完全な拒否権を持つ。日本の参議院は、他国の上院と比べてみても、強力な権限を与えられているのである。

2008年の通常国会ほど、「強い参議院」が目に見える形で表れた国会はなかった。ガソリン税の暫定税率延長をめぐる与野党の対立が一例である。暫定税率は3月に期限を迎えることになっており、政府与党は延長を目指していた。ところが、（ガソリン税で賄われてきた）道路特定財源制度そのものに反対である民主党は暫定税率延長に反対し、参議院で審議が滞ったために、4月に衆院再議決が可能になるまで、一時的にガソリン価格が大幅に下がることになった。民主党の抵抗の「成果」を国民に分かりやすく示した例である。

また同国会では、日本銀行のトップ人事も焦点となった。日銀総裁は国会の同意に基づいて選任される役職で、3月に現職（福井俊彦《ふくいとしひこ》）の任期が終わろうとしていた。この人事案件は法案ではないため、憲法の衆院再可決規定が適用されず、参議院が完全な拒否権を持っている。実際、元財務次官を充てようとする政府案に民主党が同意しなかった結果、期限までに後任総裁を決めることはできなかった。こうして、米国の金融危機の影響などから株安が進行する中、中央銀行のトップが約3週間も空席になるという異常事態に陥ってしまう。

このように「決められない政治」が社会に混乱をもたらす中で、福田内閣に対する支持率は下降を続け、5月には2割を切る調査も出てくる。6月には参議院で、史上初めて首相に対する問責決議案が可決され、政権に追い打ちがかけられた。

## 経済政策の逆コース化

進退に窮した福田首相は、新総裁の下で解散総選挙に臨む以外に自民党政権の命脈をつなぐ道はないと考えた。意中の後継者は、陽気な印象で大衆人気があると見られた麻生太郎である。福田は2008年8月の党人事で麻生を幹事長に引き上げたのち、電撃的に退陣を表明した。9月の総裁選には麻生のほか、与謝野馨、小池百合子、石原伸晃、石破茂が立ったが、結果は「党の顔」を期待された麻生の圧勝であった。

麻生は1940年生まれで、吉田茂の孫にあたる。家業の経営者を経て、79年総選挙で初当選し、総裁就任時は当選9回であった。もともと宏池会に属したが、すでにふれたように98年に離脱し、2006年12月から一派（為公会《いこうかい》）を率いている。閣僚としては経企庁長官、総務相、外相など十分な経験を積んできたが、放言癖《ほうげんへき》があり、リーダーとしての適性を危ぶむ見方はあった。政策面では、麻生は小泉政権期から構造改革路線に批判的である。彼は財政出動積極派であり、のちに公言したように、郵政民営化にも内心反対していた。

さて、福田前首相の狙いは新総裁選出後、早期の解散総選挙であったが、この目論見は見事に外れた。まず、そもそも発足時の麻生内閣の支持率が、自民党内で期待されたほどには高くなかった（報道各社の調査で5割程度）。麻生個人の人気がどうという以前に、その土台となる自民党支持がすでに揺らいでいたと見るべきであろう。

もう一つ、政権にとって大きな足かせになったのは経済情勢である。大手投資銀行リーマン・ブラザーズの破綻（2008年9月）に端を発して欧米で金融不安が広がり、その余波が日本にも及ぼうとしていた。麻生は、「100年に1度」と言われた国際金融危機への対応を優先し——首相としての見識を示したと言うべきであるが——衆院解散を先送りした。

景気対策に専念することとなった麻生内閣は、総額2兆円の定額給付金を盛り込んだ補正予算を組み、当初予算として過去最高額（一般会計総額88・5兆円）となる2009年度予算案を編成した。同予算が成立するころには、政府はさらに追加経済対策を検討し、09年5月に15・4兆円の補正予算を成立させている。

こうした大胆な財政出動の帰結として、小泉政権末期に決定された「2011年度までの基礎的財政収支の黒字化」という財政再建目標（骨太の方針2006）の達成は絶望的となった。しかし、首相は「行き過ぎた市場原理主義から決別する」とはっきり述べ（朝日新聞2009年7月22日付）、小泉路線からの離脱をもはや隠そうともしていない。

かくして「改革の時代」は黄昏を迎え、自民党政権は明確に「逆コース」――むろん1950年代の用法とは異なる意味での――の道へ歩み出した。小泉元首相が麻生政権発足直後に政界引退を表明したのは、実に象徴的だったと言うべきである。

## 「改革保守」勢力の形成

自民党政権における改革路線の後退は、その副産物として「改革保守」政党の形成を促すことになる。いまや傍流化し、孤立した自民党内の改革推進派が、自立の道を選ぶようになったのである。

まず2009年1月に、麻生内閣の経済政策に批判的であった渡辺喜美《よしみ》・元行革担当相（美智雄の子）が離党した。渡辺は8月に、他の自民党・民主党離党者などを加え、国会議員5人で「みんなの党」を旗揚げしている。その結党宣言によると、「自民党には不満がいっぱいだが、民主党には不安がいっぱい」の有権者の受け皿になるという。同党は「真の改革」政党として、自民党の野放図なバラマキ政策や官僚依存体質を批判する一方、民主党の外交・安保政策を右派の立場から攻撃した。つまりは「改革保守」の立場に立つことを明らかにしたのである。

同じころ、地方政界でも「真の改革」派を標榜《ひょうぼう》する政治勢力が生まれている。大阪府では橋下徹《はしもととおる》知事の府政改革案が既成政党の反発を招いていたが、知事に同調した松井一郎《まついいちろう》自民党府議らは2009年4月に新会派を立ち上げ、翌年4月に地域政党・大阪維新の会を旗揚げした。同党はその後、大阪府・市政を席捲《せっけん》し、中央政界進出をも窺うようになる。政策的には、この党派の立場も、みんなの党のそれとほぼ変わらない。

改革保守政党の自立は、ポスト小泉期という時代の産物である。この勢力は、小泉政権期までは二大政党内部の一派として存在しえた。しかしポスト小泉期になり、改革姿勢を後退させた自民党、左傾化した民主党のどちらにも与《くみ》することができず、「第三極」を形成することになったのである。

## 政権交代へ

衆院議員の任期満了まで約半年となった2009年春、政権与党は完全に手詰まり状態に置かれていた。経済状況は好転せず、5月に発表された直近のGDP速報値は、年率換算で実質マイナス15・2%と、戦後最悪の数字を記録している。こうした状況で内閣支持率が上がるはずはなく、むしろ首相自ら失言などで低下を促す始末であった。

じつはこのころ、民主党の側にも大きな躓きがあった。違法献金疑惑で小沢代表の公設秘書が逮捕されるという醜聞が報じられたのである（西松《にしまつ》建設事件）。だが、小沢が5月に代表を退き、早期に火消しを図ったことで、民主党自体への国民の期待感は大きく損なわれずに済んだ。

5月中旬に行われた民主党代表選では、党創業者の鳩山が岡田を制し、久々に党首に選出された。この選挙で鳩山を推した小沢は、党内影響力を維持し、新体制で選挙担当の代表代行という大きな役目を任されている。候補者擁立や公約決定といった選挙対策は、代表時代から小沢が取り仕切っており、この役割の継続は自然ではあった。2007年参院選を勝利に導いた彼の手腕への信頼は厚かった。

ただ、民主党内では、小沢主導で作られたマニフェストの内容を危ぶむ見方も強まってい

岡田克也、鳩山由紀夫、小沢一郎、菅直人（左から）（2009年8月、読売新聞社）

た。来る衆院選用のマニフェストには、月額2万6000円の子ども手当、高速道路無料化、農家戸別所得補償といった、財政負担の重い公約が並べられていた。これに対し、自公側が「バラマキ」を批判したのはもちろん、岡田幹事長を筆頭に、民主党内でも公約の不達成を恐れ、修正を求める動きがあった。鳩山・小沢ラインがこうした声を真剣に聞いていれば、その後の日本政治の展開は違ったものになったかもしれない。

ともあれ当時、時代の勢いは明らかに民主党の側にあった。2009年7月には東京都議選が行われたが、民主党は大勝し、都議会第一党になっている。このころには自民党内でも公然と麻生退陣論が唱えられるようになっていたが、衆院議員の任期満了は目前で、事態はすでに手遅れであった。

7月下旬に衆議院が解散され、8月末に総選挙が実施された。投票率は69・3％となり、盛り上がった前回の衆院選よりさらに上昇した。投開票日の前からすでにメディアの情勢

図5-2　各党衆院議席占有率の推移（ポスト55年体制期）

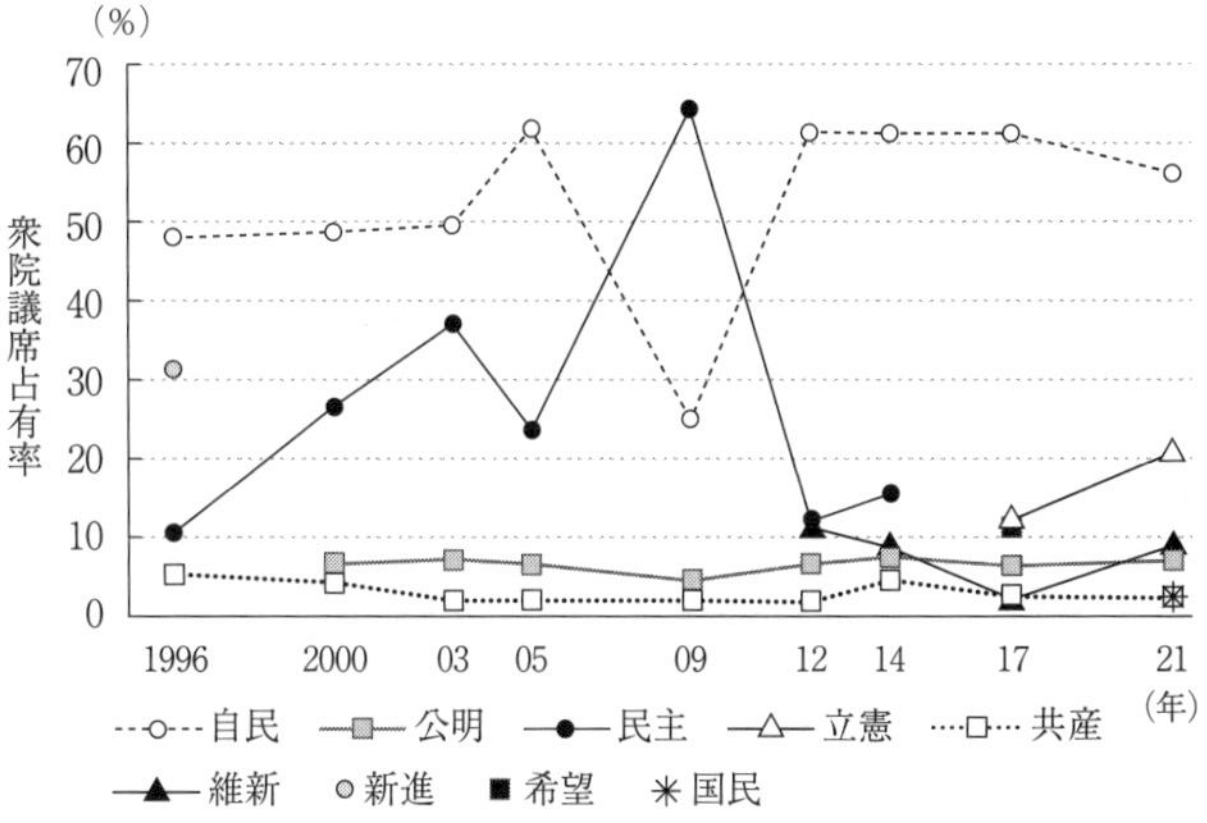


出典：石川真澄・山口二郎『戦後政治史 第四版』等をもとに筆者作成

報道で与党の過半数割れは確実視されていたが、それにしても選挙結果は衝撃的であった。自民党の議席数は300から119へと前代未聞の減り方を示した。「小泉チルドレン」の多くは議席を失い、海部俊樹、山崎拓、中川昭一《しょういち》、久間章生といった首相・閣僚経験者まで落選している。連立パートナーの公明党も21議席（選挙前31）にとどまり、惨敗した。逆に、民主党の議席数は選挙前115から308へと激増し、政権交代が現実のものとなった。

　このような劇的な議席配分の変化は、「勝者総取り」（各選挙区の最多得票者のみが当選する）の小選挙区制に特有の現象であり、要するに政治改革の賜物《たまもの》である（図5-2）。2007年参院選に続いて今回も、小選挙区

（1人区）で野党間の選挙協力が進んだことで、民主党に一方的な勝利がもたらされた。共産党は従来ほぼすべての選挙区に候補者を立ててきたが、今回の衆院選では擁立区を半数近くにまで絞り、民主党を間接的に助けた。

他方、民主党以外の野党の勢力は選挙前とほとんど変わっていない。選挙直前に結成されたみんなの党は比例代表で300万票を取り、一定の存在感を見せた。ただ、議席数としては（比例名簿登載者数が過少で2議席をみすみす逃したこともあり）5にとどまっている。

1990年前後に始まる政治改革運動の狙いの一つは、政治に緊張感をもたらす、すなわち自民党の対抗勢力を育て、政権交代の可能性を高めることにあった。そのための最も重要な方策であった選挙制度改革がなされて以降、民主党という巨大野党が誕生し、自民党を追い詰め、ついに政権交代を実現した。20年に及ぶ諸改革の帰結として、ようやく日本政治に政権交代可能な政党システム（政党間競争の構図）が定着する、かに見えた。

## 2　民主党政権

### 政治主導

2009年9月、特別国会が召集され、民主党代表の鳩山由紀夫が首相に選出された。民主党・社民党・国民新党による連立政権の発足である。民主党だけでは参議院で過半数議席に達していなかったため、3党での政権樹立は衆院選の前から既定路線であった。

鳩山は1947年、曽祖父（和夫《かずお》）が衆院議長、祖父（一郎）が首相、父（威一郎《いいちろう》）が外相の経験者という「華麗なる一族」の家に生まれた。衆院初当選は86年で、自民党の田中派・竹下派に属した。その後まもなくして自民党内はリクルート事件に揺れたが、その際、鳩山は一年生議員ながら改革を目指して活発に動き、のちの「さきがけ」の母体となるグループ（ユートピア政治研究会）に加わっている。彼はしばしば「宇宙人」と呼ばれたが、永田町《ながたちょう》の住人らしからぬ理（夢？）想家の面を濃く持っていた。その後、鳩山は93年政変で自民党を離れ、豊富な財力を活かして96年に民主党を創設し、2009年に至ってついに政権を奪取した。リクルート事件から20年を経て、鳩山は理想を自ら実現する機会を得たのである。

内閣の布陣は、菅直人副総理兼経済財政政策担当相、岡田克也外相、前原誠司国交相など、民主党内の各グループのバランスや年功に配慮した堅実なものであった。鳩山の後見役であり党内最大グループを率いる小沢一郎は、西松事件が尾を引いて入閣しなかったが、幹事長として党務に絶大な権限を持つことになった。

鳩山内閣の発足当初の支持率は報道各社の調査で70％を超えており、国民の強い期待が窺えた。新政権としては、この「ハネムーン期間」に大胆な政策転換を見せなければならなかったが、そのためにはまず、大胆な政策決定が行えるような仕組みそのものを作らねばならない。民主党は、そうした新しい政策決定のあり方を「政治主導」と称し、その実現を主要公約に掲げてきた。旧来の官僚・族議員主導の仕組みに代えて、与党と一体となった内閣、なかんずく首相を中心に政策決定するシステムを作ろうというのである。1990年代に進められた選挙制度改革や内閣機能強化にもこの狙いが含められていたが、政治主導の理想の実現にはなお十分でない、と民主党は主張していた。

具体的には、鳩山政権では官僚の政策への関与を抑えるため、事務次官等会議（閣議にかける前に法案内容を官僚トップ間で承認する仕組み）を廃止し、各省内では政治家である政務三役（大臣、副大臣、政務官）に政策内容の細部にまで関わらせた。他方で、内閣官房に国家戦略室（菅を担当大臣とする）を設置し、トップダウンの政策立案の要に位置づけた。さらに、政府（内閣）の方針に対する与党議員からの横槍を防ぐためという名目で、民主党内の政策調査会（自民党の政務調査会にあたる機関）が廃止された。

こうした機構改革の趣旨を理解した国民は多くなかったと見られるが、行政刷新会議（内閣府に新設）が11月から実施した「事業仕分け」の狙いは分かりやすく、目に見える政治主導の形として大いに人気を博した。多くの傍聴者と報道陣が見守る中、与党議員や民間有識者に各省の事業を点検させ、適宜その見直しを進めるという取り組みであった。

この間、自民党では９月の総裁選で宏池会の谷垣禎一を新総裁に選出している（なお、「加藤の乱」後、分裂状態にあった宏池会は福田政権期に統合されている）。同党は結党以来最少人数に落ち込んでおり、政党支持率でも民主党に大きく水をあけられていた。同じく下野した１９９３年衆院選後と比べても、はるかに前途が見通せず、しばらくは敵失を待つ以外に手がない状況であった。

## 自縄自縛

２００９年衆院選で、民主党は「国民との契約」たるマニフェストを大々的にアピールして勝利した。新政権は当然その実現を目指したが、ここでネックになったのが新規政策実現のための財源である。前述のように、衆院選マニフェストには月額２万６０００円の子ども手当をはじめとする財政負担の重い公約が並べられており、その実現には総額16・8兆円分の財源を要すると試算されていた。

他方で同マニフェストに消費増税に関する記載はなく、民主党は公共事業費の削減など、既存の事業の見直しによって捻出できると主張してきた。そこで鳩山政権は、「事業仕分け」などを通して財源の発掘に取り組んだのであったが、すべての公約を増税なしに実現するのは非現実的であることがすぐに明らかとなった。結局、２０１０年度予算でマニフェストの新規政策のために捻出できた財源は3・1兆円にすぎず、まったく不十分であった。不況による税収減や社会保障費の自然増も——本来これらも事前に想定すべきであったが——財源不足に拍車をかけた。

　結果、鳩山政権は多くの目玉政策において、目標からの後退を余儀なくされることになった。子ども手当の満額支給は実現できず、高速道路無料化も部分的実施にとどまり、ガソリン税の暫定税率廃止も実施しなかった。それどころか、たばこ税などの増税を実施している。にもかかわらず、2010年度予算案の新規国債発行額は空前規模の44・3兆円に達した。民主党のマニフェストが数値や工程を具体的に示す分かりやすいものであっただけに、その不達成もまたきわめて分かりやすかった。

　鳩山首相はまた、与党の公約だけでなく、自身の言動によっても縛られ、苦境に立たされることになった。鳩山は衆院選の前から、米軍用の普天間飛行場を沖縄県外に移設したいと公言しており、首相就任後も当初その考えを積極的に表した。ところがその後、米国の賛意が到底得られないことが明らかとなり、鳩山は自身の「公約」との板挟みになった。県外移設案の推進は、米国との関係悪化を懸念する岡田外相や北澤俊美《きたざわとしみ》防衛相も消極的で、鳩山は民主党内でも孤立した。

　鳩山は結局、2010年5月まで意思決定を先送りした挙句、最終的に県外移設案を撤回し、辺野古《へのこ》（沖縄県名護《なご》市）沖に新基地を建設することで米国と合意した。大山鳴動して結局、自民党政権時代に決まっていた元の案に戻った形で、首相は大いに面目を失った。またこの件で、沖縄の米軍基地縮小を訴えてきた社民党が、５月末に連立政権から離脱することになる。

最終的に鳩山政権の命脈を絶ったのは、首相と与党幹事長の「政治とカネ」の問題であった。２００９年12月、鳩山首相が実母から提供された資金を適正処理していなかったとされる問題で、元秘書らが政治資金規正法違反の罪で起訴された。年が明けると、今度は小沢幹事長の資金管理団体による土地売買の不正が報じられ、元秘書の石川知裕《いしかわともひろ》衆院議員が逮捕された（陸山会《りくざんかい》事件）。さらに10年４月には、東京検察審査会で、小沢本人について「起訴相当」と議決されることになる。この間、内閣支持率は下落を続け、５月には２割を切る調査も出てきた。

夏の参院選への影響を懸念した鳩山首相は６月初頭、退陣を表明した。同時に、小沢にも幹事長職を退かせることとし、民主党のイメージ回復を期待した。こうして、鳴り物入りでスタートした鳩山政権は、９ヵ月弱で幕を閉じることになった。

## 「ねじれ」の再来

民主党代表の後継争いには、菅直人と樽床伸二《たるとこしんじ》が名乗りを上げた。小沢グループは樽床を推したが、代表選（2010年6月の両院議員総会）の結果は菅の圧勝に終わっている。その後の人事では、徹底した「脱小沢」シフトが敷かれた。菅は、官房長官に仙谷由人《せんごくよしと》を、党幹事長に枝野幸男を、復活させた政調会の会長に玄葉光一郎《げんばこういちろう》（国務大臣兼務）を就けたが、みな小沢と人脈ないし政策面で距離のある政治家である。

菅は1946年生まれで、鳩山とまったくの同世代（同学年）である。しかし、名門一家から自民党入りした鳩山と、市民運動家から苦労して野党議員になった菅とは、政治家として対照的な来歴を持つと言ってよい。菅は70年代後半に江田三郎の新党運動に加わり、社民連候補として80年衆院選で初当選するが、それまでに国政選挙で3度も落選している。94年の社民連解散後はさきがけに入党し、以来、鳩山と行動をともにしているが、鳩山に比べると、たたき上げの菅はより現実主義的でよりしたたかな面がある。

さて、2010年6月の菅内閣の発足とともに、民主党／内閣支持率はV字回復を見せた。鳩山と小沢を中枢から除きさえすれば、民主党政権全体として建て直すことは可能である、とこの時期まだ多くの国民が見ていたということであろう。

ところが、高い支持率がかえって油断につながったか、菅政権もまた自滅の道をたどってしまう。６月中旬に首相自ら消費税率引き上げを示唆する発言を行い、世論の反発を招いたのである。菅は１月に財務相に任じられて以来、日本の財政状況を深刻に捉えるようになり、増税を不可避と考えていた。だが、政策の必要性はともかく、衆院選マニフェストに記載のない消費増税の提案は公約違反の誇りを免れなかった。またその後、あわてて増税分還付案を打ち出し、その額について発言を二転三転させたことで、首相はさらに信用を損ねた。

こうして迎えた７月の参院選は、民主党にとってのちに「ミッドウェー海戦」に擬せられる時局の転換点となった。民主党の獲得議席数は44で、自民党の51を大きく下回る結果となったのである。これにより、連立与党の総議席数が参院過半数を割り、またもや「ねじれ国会」になった。与党は衆議院でも法案再議決に必要な３分の２以上の議席を持っておらず、この時点で民主党は主体的に政権運営する術を失った。

参院選の勝敗を分けたのは１人区の結果（民主党８、自民党21議席獲得）である。この選挙で、民主党の得票総数は選挙区・比例代表ともに自民党をなお上回っていた。だが、自民党は農村部で強く、多くの１人区（農村地域が多い）で議席を独占的に得られたのである。

もっとも、以上のことは、有権者の「民主党離れ」がなかったことを意味しない。同党は前年の衆院選で３０００万票近くの比例票を得ていたが、今回は１８４５万票にとどまっている（ちなみに２００７年参院選でも２３００万票以上得ている）。この結果の下地には鳩山政権の悪評があったと見られるが、菅首相の消費税発言が影響したことも また明らかであった。増税反対を明言していたみんなの党が比例代表で800万票近く集め、公明党（9議席）を超える10議席を獲得したのは示唆的である。

## 内憂外患

菅首相の消費税発言は、与党内反主流派の執行部攻撃に大義名分を与えることになった。2010年9月の民主党代表選では、小沢が衆院選マニフェストの遵守を訴えて――彼自身も幹事長時代に公約破りに加担していたのだが――菅に挑戦している。結果は、党員・サポーター票、地方議員票の大勢を制した菅の勝利となったが、国会議員票では206（菅）対200（小沢）と接戦で、党内の分断が鮮明となった。

この状況で、菅は党内融和を目指すどころか、小沢グループ・シンパを内閣から排除し、小沢と距離のある岡田を幹事長に就けるなど、対決姿勢を一層露わにした。菅としては、「脱小沢」のアピールが政権人気を回復させるほとんど唯一の方策だったのである。実際、9月の代表選後、内閣支持率は目に見えて回復基調となった。

もっとも、「ねじれ国会」の下で、政権運営が苦しい状況に変わりはない。菅はこの時期、公明党など中小政党に秋波を送り、政権への協力を求めているが、功を奏さなかった。

　こうした中、外交・安全保障上の危機が政権を揺るがすことになる。9月上旬、尖閣《せんかく》諸島沖で違法操業していた中国漁船が海上保安庁巡視船に体当たりし、船長が逮捕される事件が起きた。その後、中国政府の猛抗議の中、同月下旬に船長は釈放されることになる。これに対し、弱腰の政府が中国の無法な要求に屈したとして自民党などは批判を強め、11月末に仙谷官房長官、馬淵澄夫《まぶちすみお》国交相に対する問責決議を参議院で可決した。加えて、11月初頭にロシアのメドベージェフ大統領が国後島《くなしりとう》に上陸したことも、民主党外交への信頼感を損ねた。この間、一時持ち直していた内閣支持率は再び急落している。

　2011年に入ると、今度は小沢元幹事長の処遇をめぐって与党内の亀裂が広がる。陸山会事件に関して強制起訴されることが決まった小沢に対し、民主党執行部は党員資格停止処分を下したが、これに反発した一部の小沢系議員が会派離脱の動きに出たのである。

　国会では野党の攻勢を受け、特例公債法案など予算関連法案を成立させる見通しがまったく立たないままであった。こうした中、3月初頭、前原外相が外国人から献金を受けていた件で辞任に追い込まれる。さらにその直後、今度は菅首相に外国人からの献金があったと報じられ、政権はついに万事休した、かと思われた。

## 東日本大震災

2011年3月11日、首相が不正献金を国会で認めたまさにその日の午後、東日本全域を巨大地震が襲った。その後まもなく、大津波による東北地方の惨状が明らかになり、福島第一原発で爆発事故が起きるなど、わが国は第二次大戦以来の存立の危機を迎えた。

この国難に、挙国一致政権（自民党の政権入り）こそ実現しなかったものの、国会は休戦状態となり、結果として菅政権は延命することになる。他方で、震災に対する初期対応や復旧復興策への不満などから、国民の政権に対する目は厳しく、4月の統一地方選で民主党は惨敗を喫した。

世論の風向きを見て、自民党はしだいに攻勢に転じ、民主党内でも「菅おろし」の動きがいよいよ強まる。6月初頭、自公両党の提出した内閣不信任案に、小沢グループや鳩山が同調を示唆すると、菅は早期退陣を約束して辛うじて事態収拾を図るほかなかった。

その後も首相は、復興政策や「脱原発」政策の推進を盾に異様な粘りを見せたが、特例公債法や再生可能エネルギー特措法などの成立を見て、8月下旬にようやく公に退陣表明した。この間、自公両党から法案採決の合意を得るため、民主党は看板政策であった――自公側は「バラマキ4K」と呼んだ――子ども手当、高速道路無料化、高校無償化、農家戸別所得補償政策をすべて見直すという大きな譲歩を強いられている。政府にとって、支出の抑制は復興財源捻出のためにもやむを得なかったが、看板政策をことごとく取り下げたことは象徴的に大きな意味を持った。これにより、国民から見て、政権交代の意義はますます不明となったであろう。

8月末に行われた民主党代表選は、鳩山・小沢・菅という大物が一線を退いたことを反映して、野田佳彦、海江田万里《かいえだばんり》ら5人が立つ混戦となった。1回目の投票では小沢グループの推す海江田が首位に立ったが、決選投票で反小沢票を糾合した野田が逆転勝利した。

野田は、松下《まつした》政経塾（松下幸之助《こうのすけ》が創立したリーダー養成塾）で学んだのち、千葉県議を務めていたが、日本新党の結成に参加し、1993年衆院選から国政に転じた。57年生まれの野田は、鳩山・菅より10歳ほど若い世代に属する。A級戦犯の名誉回復を主張するなど民主党内では右派を代表する一人で、防衛政策や歴史観の面では自民党と変わらないと評された。経済政策面では財政再建重視派で、消費税引き上げをやむなしと考えた点でも自民党に近い立場にあった。

8月末に首相に指名された野田は、小沢に近い輿石東《こしいしあずま》（参院議員会長）を幹事長に登用するなど、挙党体制構築を目指した。他方で、鳩山政権以来の「政治主導」体制は、政府役職に就いていない与党議員が不満を持ちやすい仕組みであったことから、抜本的に見直した。具体的には、党政調会長（前原）に閣僚を兼務させず、与党に法案の事前審査を任せる方式とした。また野田政権は、政策立案に官僚の能力を十分に活かすためとして、「脱官僚」路線も修正した。その象徴が各府省連絡会議の設置、すなわち旧事務次官等会議の実質的な復活である。民主党は、子ども手当等の政策に続き、政策決定システム改革という面でも看板を下ろしたことになる。

## 民主党崩壊

野田が政権発足当初に挙党体制構築を試みたのは、あくまで政策実現のためである。彼は党指導者というより国家指導者としての自覚が強く、政策を犠牲にしてまで党内融和を求めるつもりはなかった。「ぶれない」を信条とした首相のこの姿勢が結局、民主党の崩壊をもたらすことになる。

野田は、消費税率引き上げを含む「社会保障と税の一体改革」、全国的に停止していた原発の再稼働、ＴＰＰ（環太平洋経済連携協定）の交渉参加入りを首相として実現したいと考えていた。これらの政策は、政府の立場では大局的に必要だとしても、それぞれ社会各層からの反発が予想され、次の選挙が心配な与党議員には容易に賛成できない。そもそも、もはや民主党に所属し続けること自体が再選に有利であるかも怪しい状況で、執行部が党内を統制するのはきわめて困難であった。

最初の集団離党は2011年12月に起きた。消費税率引き上げやTPP参加が衆院選マニフェストに反しているとして、9人（小沢系8、鳩山系1）が民主党を離れたのである。しかしその後も執行部はひるまず、消費増税法案をまとめ、12年3月に閣議決定に持ち込んだ。この際は、政府・党役職に就いていた小沢系議員が一斉に辞表を提出する騒ぎとなった。

党内に強大な反主流派を抱える野田執行部は、野党の自民党・公明党にもたれかかろうとする。自公両党としても、不人気な増税を民主党政権の手で決めさせることに基本的に異存はない。かくして6月、民自公3党間で消費増税法案を修正可決することが合意された。消費税率を2014年4月に8％、15年10月に10％に引き上げるという重い内容を含むものである。同法案の衆院本会議採決では、小沢、鳩山ら70名以上が造反し、民主党は事実上の分裂状態に陥った。

7月に入って小沢グループはついに離党し、国会議員49人で新党「国民の生活が第一」を結成した。さらに同月、参院議員3人が原発再稼働に反対して民主党を離れ、新会派を結成している。内輪もめが続く政権与党に多くの国民は呆れ、この間、内閣支持率だけでなく、民主党に対する支持率も（時事世論調査では7％程度にまで）下落を続けた。「民主党」というプロジェクトそのものが崩壊の過程に入ったことが、もはや誰の目にも明らかであった。

保守の再生

民主党が内紛に揺れる中、自民党内でも谷垣総裁の任期切れ（2012年9月）が近づくにつれ、駆け引きが激しくなった。

谷垣は再任を目指したが、民自公連携路線の下で政権を追い詰めきれず、求心力を失いつつあった。2012年8月上旬、再政権交代を狙う自民党は「近いうちに国民に信を問う」との言質を首相から引き出したことで手を打ち、「生活」などが提出した内閣不信任案の採決を欠席し、消費増税法案も民主党に協力して参議院で可決成立させた。にもかかわらず、その後も首相はなかなか衆院解散に踏み切らなかった。

野田が解散総選挙を躊躇《ちゅうちょ》したのは、ちょうどこの前後に外交案件が立てこみ、身動きが取れなくなったためである。7月にロシア大統領が再び北方領土に足を踏み入れたのもつかの間、8月には韓国大統領が竹島《たけしま》を訪問し、香港の活動家が尖閣諸島に上陸するという問題が重なった。尖閣については、これ以前から対中最強硬派の石原慎太郎東京都知事が都による購入を示唆していたこともあり、事態の悪化を恐れた野田政権は9月に国有化に踏み切る。これに対し、尖閣の領有権を主張する中国政府は猛反発し、同国内で反日デモが暴徒化するという深刻な状況を迎えた。以上の「外交敗戦」は、野党にまた新たな政権攻撃の材料を与えることになる。

ともあれ、早期解散の約束を反故にされた格好の谷垣は大いに面目を失い、結局、総裁続投を断念せざるを得なくなった。他方、菅義偉ら自民党内で勢いづいた民自公連携反対派が担いだのが、元首相の安倍晋三であった。加えて、石破茂、石原伸晃、林芳正《よしまさ》、町村信孝が次期総裁候補に名乗りを上げた。有力候補が乱立し、結果の読めない激戦になった。

自民党総裁選は9月下旬に行われた。第一回投票の結果は、多数の地方票（300票中165票）を得た石破が国会議員票（197票中34票）を合わせて首位に立ち、地方票（87票）・国会議員票（54票）をともに手堅く集めた安倍が2位に着いた。かつて自民党を見限って離れた経歴を持つ石破は、一般党員に人気があった反面、国会議員間で信望を欠くところがあった。つづく決選投票は国会議員のみで行われ、89票対108票で安倍の勝利となった。一度退任した総裁が返り咲くのは、自民党史上初めてのことである。

安倍にとって、前回の総裁就任時と環境が異なるのは、自民党が全体として右傾化し、彼の思想信条に近づいていたことである。同党は2009年に下野して以来、「左翼政権」と対峙する中で、保守色を強調するようになっていた。宏池会出身の谷垣前総裁は元来リベラル派で知られたが、あえて靖国神社参拝を行うなど保守層へのアピールを重視した。谷垣自民党は、10年1月に「日本らしい日本の保守主義」を理念とする新綱領を採択し、12年4月には「日本国憲法改正草案」を公表している。この新しい改憲草案は、安倍ら右派議員の強い影響下で作成され、天皇元首化や国防軍保持を明記するなど、復古主義的な色彩の濃いものとなった。

他方この時期、改革保守勢力にも動きがあった。大阪では、2010年4月に設立された大阪維新の会が、11年4月の統一地方選で府議会過半数を取るなど大躍進を遂げていた。ついで、「大阪都構想」(大阪市を廃止し、市と府の二重行政を解消しようとする改革案)の是非が問われた11年11月の大阪府知事選・大阪市長選でも、それぞれ同党幹事長の松井一郎と代表の橋下徹が勝利した。勢いに乗る「維新」は、国政進出を目指すようになる。12年9月、橋下らは国政政党・日本維新の会を結成し、民主党・自民党・みんなの党から国会議員を引き抜いていった。

「真の改革」政党を自認した維新の中心的な主張は行政改革の推進であったが、憲法問題や外交・安保政策では安倍自民党と共通する部分が多く、この面では明確に保守政党である。さらに同党は、タカ派で知られた石原東京都知事を2012年11月に党首に迎え入れ、一層、保守色を強めていく。

### 祭りのあと

自民党総裁選のあった2012年9月には、民主党でも既定の代表選が行われている。小沢グループがすでに党外に去ったいま、ここで野田が再選すること自体は容易であった。しかし、「ねじれ国会」の下、自民党が対決姿勢を強め、閣僚不祥事も相次ぐ中で、政権はいよいよ進退に窮した。「近いうちに信を問う」と公言していた野田首相にできるのは、もはや最重要法案の審議で野党の譲歩を引き出すことくらいであった。11月、特例国債法案と公選法改正案（一票の格差是正のための衆院定数削減）の成立を見て、首相は衆議院を解散した。

この前後、民主党では「泥船」から逃げ出そうと離党者が相次ぎ、同党の議席数は総選挙の前に衆院過半数を割るまでに減った。離党者たちの行き先は様々であったが、小選挙区制に対応するため、最終的にはやはり結集する動きがあった。11月末に嘉田由紀子《かだゆきこ》滋賀県知事が脱原発を掲げ、国政政党・日本未来の党の結成を発表すると、小沢のグループをはじめ、多くの元民主党議員が、「野合」と謗られつつ、新党に合流していった。

一方の自民党は、意気盛んであった。選挙公約集に掲げられたスローガンは、「日本を、取り戻す。」である。その一つの意味は、低迷が続いていた景気の回復を目指すというもので、安倍は大胆な金融緩和を柱とした新しい経済政策の導入を熱心に説いた。彼が雌伏していた5年の間にブレーンらと検討を重ね、磨いてきた政策である。

衆院選は12月に実施された。結果は、前回の衆院選と同様、劇的なものとなった。自民党は294議席を得て、（選挙後に連立政権樹立に合意する）公明党の31議席と合わせて総数の

3分の2以上を確保した。対する民主党は、57議席（選挙前230）に終わり、壊滅的打撃を受けている。比例得票数を見ると、自民党（1662万票）は大敗した2009年衆院選よりさらに減らしており、自民党への期待というより、民主党への失望が以上の議席配分をもたらしたことが明らかである。民主党の比例得票数は962万票と見る影もなく、前回衆院選時の3分の1にも達していない。

その他の政党では、結党まもない維新が54議席を獲得し、大躍進した。同党の比例得票数は1200万票を超え、民主党を優に上回っている。もう一つの改革保守政党・みんなの党も、維新ほど目立たなかったものの、18議席獲得（選挙前8）と伸びた。これに対し、左派・リベラル系の野党は軒並み議席を減らした。特に「未来」は悲惨で、選挙前は61議席あったが、当選できたのは小沢ら9人にすぎなかった。「泥船」を脱した多くの議員も結局、落選を免れなかったのである。

こうして、3年3ヵ月続いた民主党政権は、惨憺たる幕切れを迎えた。今日振り返れば、民主党政権期は――真に逆説的な意味においてだが――やはり戦後政治史上の大きな画期と言わなければならない。2009年の政権交代は、1990年代以来の政治改革運動の最大の成果であった。ところが期待された新政権は、政治に変化をもたらさなかったどころか、内憂外患を招き（震災発生は不運というほかないが）日本を敗戦以来の国難に陥れたとさえ、多くの国民から見られるようになった。その結果、自民党が理想的な選択ではないにせよ、それに代わる政権担当能力を備えた政党は存在しないとの冷めた見方が広がっていく。

要するに、民主党政権の挫折はすなわち、55年体制型政治からの転換を図る、政治改革運動の挫折を意味した。「改革の時代」の寵児《ちょうじ》たる小沢が、2012年衆院選を境に政界での影響力を決定的に弱めたのは実に象徴的であった。ここから、日本政治の時計の針は逆回転していくことになる。

## 3 保革対決政治の再来

### 安定政権への模索

第二次安倍晋三政権（第二～四次安倍内閣）は2012年12月に発足し、結果として20年9月まで続く超長期政権となる。しかし、発足当時、この政権が長期持続することは決して自明ではなかった。小泉内閣退陣後から数えれば、6年ほどの間に6人の首相が登場し、消えている。この間、「決められない政治」と呼ばれるカオス状態が続いていた。首相に返り咲いた安倍が、まずもって「〝政治の混乱と停滞に終止符を打つ〟ためにも、安定的な政権運営を行っていくこと」（首相就任記者会見）を目標に置いたのも当然であったろう。

政権基盤を安定させるため、まずは人事を固める必要がある。安倍首相は菅義偉、麻生太郎という盟友をそれぞれ要職の官房長官、副総理兼財務相に就けた一方、最大のライバルである石破茂幹事長を続投させるなど、挙党体制の構築を期した。同時に、野田聖子総務会長、高市早苗《たかいちさなえ》政調会長、稲田朋美《いなだともみ》内閣府特命担当相など女性を積極的に起用し、イメージアップも図っている。

夏に参院選を控え、2013年1月からの通常国会では、安倍政権は極力「安全運転」に努めた。提出する法案数を絞り込み、審議で無理押しすることも慎重に避けた。代わりに、政権は国民に向け、「アベノミクス」と銘打たれた新経済政策をひたすらにアピールした。同政策は「三本の矢」、すなわち「大胆な金融政策」「機動的な財政政策」「民間投資を喚起する成長戦略」で構成される。なかでも最も重視される金融政策については、3月に黒田東彦《くろだはるひこ》総裁を迎えた日銀が「異次元」金融緩和を開始した。市場はこの動きを好感し、政権交代の前後から、日経平均株価は急上昇を続けた。その甲斐あって、内閣支持率は高水準（多くの調査で60％以上）のまま推移していく。

一方の民主党は、海江田万里新代表の下で出直しを図った。しかし、同党は通常国会で政権を攻めあぐね、存在感を持たないまま参院選に臨むことになる。野党の間でも、民主党は右の維新・みんなの党からも、左の共産党からも政策的立場を批判されるという孤立状態にあった。

こうした状況で行われた7月の参院選の結果は、与党側の大勝となった。自民党は65議席（改選34）を獲得し、非改選議席を合わせて、連立与党で参院過半数を確保した。同党は、特に1人区で29勝2敗と圧倒的な強さを見せた。

他方の民主党は、17議席（改選44）と結党以来最悪の成績に終わっている。同党は、東京都や大阪府といった都市部の複数人区でさえ議席を取れなかった。代わりに、今選挙では共産党が8議席（改選3）を獲得するという好成績を収めている。同党は反自公政権票の受け皿として、特に都市部で伸長した。

反自公政権票は改革保守政党にも流れた。みんなの党と維新はそれぞれ8議席を得て、選挙前より勢力を伸ばしている。この選挙の後、政策志向の重なる両党は、複雑な過程をたどって再編される。みんなの党は、２０１３年12月に路線対立が高じて分裂し、翌年11月に結局解党された。維新でもみんなの党出身議員の合流をめぐって内紛を生じた（石原慎太郎ら離脱者も出た）が、最終的に受け入れを決め、それを機に14年9月、党名を「維新の党」に改めた。

国会の「ねじれ」を解消した安倍首相は、その後も野党に対する優位を保ち、また政権与党内でも官邸主導体制を強化して、「安倍一強」と呼ばれる政治状況を作り上げていく。

2014年5月には内閣人事局が設置され、各省の幹部人事に対する官邸の関与が制度化された。各省の人事は原則的に各省内で（官僚主導で）決定するという従来のあり方を変える公務員制度改革である。これ以降、官僚に対する官邸の統制力は一層強まったと目される。実際、安倍政権後半期になると、官僚による過剰な首相への配慮（忖度《そんたく》）が逆に問題視されるようになっていく。

9月の政府・党人事では、安倍は、自民党内の最大のライバルである石破を、本人の希望に反して幹事長職から降ろし、新たに閣僚に任じることで封じ込めを図った。代わりに幹事長に就いたのは谷垣禎一である。総裁経験者の格下ポストへの起用は異例中の異例であるが、ここにも反安倍勢力の核になりうる実力者を政権内に取り込む意図があった。

その後、閣僚のスキャンダルが続出して政権への追及が厳しくなると、首相は解散総選挙によって局面のリセットを図る。前回衆院選から2年も経たない2014年11月というタイミングでの衆院解散は唐突な印象を与えたが、首相は、野党が分断状態にある好機を逃さず積極的に仕掛けた。

なお、首相が用意した解散総選挙の大義名分は、消費税率10％への引き上げを延期することの是非を問うというものである。すでにこの年の4月に消費税は8％に上げられ、それ以降、景気の減速が見られたことから、首相は（野田政権期の3党合意で決まっていた）15年10月からの再引き上げを先送りしたいとの意向を示したのである。もっとも、野党の多くも増税延期に反対ではなかったため、この問題は有権者の投票行動の基準となる争点にはなりえなかった。

衆院選は12月に実施された。争点不明の選挙は盛り上がりを欠き、投票率は52・7％と歴代最低を記録している。選挙結果は、首相の狙い通り、自民党の圧勝であった。定数削減で今回から議席総数が475となったところ、自民党は290議席を得て前回並みの議席占有率（6割超）を維持した。公明党の35議席と合わせれば、総数の3分の2以上を占めている。

民主党の獲得議席数は73で、前回（57）より改善されたものの、やはり大惨敗と言わざるを得ない。党首の海江田自身が落選し、代表辞任を余儀なくされた。維新の党も選挙前（42）を下回る41議席獲得にとどまり、党勢に伸び悩みが見えた。野党の中では、共産党が21議席獲得（選挙前8）と一人気を吐き、存在感を高めた。

自民党内では、国政選挙を3連勝に導いた総裁の権威が一層高まり、安倍の立場を脅かす者はもはや存在しなくなった。首相の出身派閥・清和会は、（前回総裁選で安倍と激突した）

町村信孝が衆院議長就任を機に派閥会長の座を細田博之《ほそだひろゆき》に譲ったことで、実質的に「安倍派」化した。清和会は、2012年以降の国政選挙で増えた新人議員を積極的に勧誘し、規模の面でも他を引き離すようになった。このようにして、党内基盤をさらに盤石にした安倍は15年9月、無投票で総裁に再任されることになる。

安倍首相はまた、外交政策を積極的に展開し、国際的な場でも存在感を見せた。「地球儀を俯瞰する外交」とのキャッチフレーズを掲げた首相は、2014年秋の時点で訪問先が歴代最多の50ヵ国に達するなど、きわめて精力的に動いている。困難な外交交渉をまとめるうえで、政権にとって、強固な国内基盤は大きな資源であった。政権前半期における安倍外交の事績の一つにTPP参加（13年3月参加表明、15年10月大筋合意）が挙げられるが、「一強」状態でなければ、農家の反対が強いこの政策を進めるのは難しかったであろう。

### 再イデオロギー化

さて、第二次安倍政権は発足以来、経済政策のアピールを中心にして安全運転を心掛けてきたと述べたが、その一方で、イデオロギー的右派としての側面を見せなかったわけではなく（例えば、首相は改憲を目指すと就任直後から公言していた）、その側面は自民党が選挙で勝利を重ねる中で強まっていった。2013年7月の参院選後、国家安全保障会議設置、首相の靖国神社参拝といった、左派を刺激する政権の動きが続いたのはその例である。特に同年12月の特定秘密保護法案（国家機密漏洩の厳罰化を図る法案）の強行可決に際しては、安倍政権の「決めすぎる政治」に対する批判が高まった。

安倍政権が推進した数多くの政策の中でも、最も激しいイデオロギー対立を呼び起こしたのは、集団的自衛権行使をめぐる問題である。集団的自衛権は、従来の政府見解で「保有はするが憲法上行使できない」とされてきた。しかし、近隣国の軍事的脅威が高まる中で、米国との同盟関係を強化するため、集団的自衛権行使の解禁は不可欠であるというのが政権の立場であった。

安倍首相は、第一次内閣のときから懸案であったこの問題に再び取り組み、有識者会議の提言をふまえ、２０１４年７月に集団的自衛権の限定的行使を容認する旨の閣議決定を行った。その後、同年12月の衆院選を制し、基盤を再強化した安倍政権は、いよいよ閣議決定の内容をふまえた新安保法制（平和安全法制）の整備へと進む。安保関連法案は15年5月に国会に提出された。

長らく維持されてきた憲法9条の解釈の変更は、「戦後レジーム」への重大な挑戦にほかならない。はたしてここから、国会内外で猛烈な反対キャンペーンが巻き起こることになる。岡田克也（1月に代表就任）率いる民主党は安保法案を違憲であるとして、共産党や社民党と連携して徹底抗戦に出た。同法案は「立憲主義、平和主義、民主主義、戦後70年の歩みに背く」（福山哲郎《ふくやまてつろう》幹事長代理）というのである。国会前では学生団体など多くの群衆が集まり、大規模なデモ活動が繰り広げられた。一般の有権者にもこの法案は概して不人気で、この時期、内閣支持率は顕著に低下した。

安保法案は結局、与党による強行採決を経て、9月に可決・成立となる。「60年安保以来」とも言われた国会内外での抗議運動の高まりは、保守・革新勢力が戦前体制への回帰（戦後憲法体制の是非）をめぐって激突した、1950年代の逆コース時代を想起させるものであった。第二次安倍政権の施策は、「改革の時代」の黄昏とともに強まりつつあった日本政治の「再イデオロギー化」傾向、すなわち、防衛問題を中心的争点とする保革対決政治の時代への逆行を促したのである。

### 野党の2ブロック化

日本政治の再イデオロギー化が進むとともに、各野党は右派的な政権（あるいは対極的立場の共産党）に対する距離感を問われることになる。その結果として、野党の立場は2ブロックに再編され、左右に分極化していく。

安倍政権のイデオロギー攻勢は、さしあたり、「第三極」の再編を促した。維新の党内で、安保法案について、民主党や共産党と共闘して明確に反対するべきか、より柔軟な姿勢を採るべきかという路線争いが強まり、結局2015年10月に、安倍政権に近い橋下徹、松井一郎らが離党して新たに「おおさか維新の会」を立ち上げる騒ぎとなったのである。こうしてリベラル派議員を切り離したことで、人数は減ったものの橋下の党は改革保守政党として純化された。おおさか維新は、少なくとも防衛政策や憲法改正をめぐる問題では右派的立場を採り、安倍政権と基本的に歩調を合わせていくことになる。

他方、民主党は2016年3月、維新の党残留組の吸収を機に、ついに結成以来の党名を民進党へと改めた。同党は、おおさか維新とは対照的に、最左翼政党である共産党との関係を深めていく。党名変更後も一向に支持率が上向かない中で、一定の固い支持層を持つ共産党を含む選挙協力体制を作る必要があると岡田執行部は判断した。前年の安保法制問題における共闘の経験も、両党の連携強化を後押しした。ただ、天皇制に批判的で非武装中立を唱える共産党への接近は、民進党の政権担当能力イメージを一層傷つけることになりかねず、党内の保守系議員や支持団体（連合）内に強い異論もあった。

こうした野党の合従連衡《がっしょうれんこう》を横目に、安倍政権側は2016年夏の参院選に向け、着々と準備を進めている。安保法案を成立させた直後の15年9月、政権が打ち出したのは、アベノミクス「第2ステージ」の「新三本の矢」政策であった。具体的には「希望を生み出す強い経済」「夢を紡ぐ子育て支援」「安心につながる社会保障」を目指すとされ、少子高齢化対策に重点を置いた内容である。この構想に基づき、安倍内閣は16年6月に「ニッポン一億総活躍プラン」を閣議決定した。こうして進められることになった「働き方改革」（同一労働同一賃金制の導入など）や幼児教育・保育の無償化といった政策は、リベラル派野党のお株を奪う意味を持った。

以上の施策は国民におおむね好評だったようであり、２０１５年秋以降、内閣支持率ははっきりと上昇局面に入っている。安保法案をめぐる騒動は、早くも人々の記憶から消えたかのようであった。さらに首相は16年6月、消費増税を再延期する方針を表し、参院選に向けて、世論対策に万全を期した。

7月に行われた参院選は、投票権者を18歳以上に引き下げた最初の国政選挙である。また、この選挙では、人口減少の著しい鳥取県と島根県、徳島県と高知県がそれぞれ選挙区として統合される「合区」が初めて採用された。「県代表」を失ったこれらの選挙区では投票率が低下するといった弊害が指摘され、これ以降、参議院の位置づけをどう考えるべきかという問題とも絡んで争点化することになる。

選挙結果は、今回も自民党の大勝であった。同党は56議席を得て、非改選議席を合わせて総議席のちょうど半数（１２１）を制した。比例得票数で見ても、２００１年以来の２００

0万票超えという好成績を収めている。

対する民進党は32議席獲得で、前回（2013年参院選における民主党）より改善したとはいえ、改選議席数（43）を大きく割る結果に終わった。同党はこの選挙で、共産党とともに、「改憲容認勢力」（自公維3党など）の「3分の2」越え阻止を目標に掲げ、実質的な勝敗ラインを相当に下げていたが、そのラインさえ破られてしまっている。

野党（おおさか維新を除く）は今回、32の1人区すべてで統一候補を立てて選挙に臨んだのであったが、その結果は11勝21敗にすぎなかった。ただし、野党間ではこれでも前回よりは善戦できたと評価され、多くの選挙区で候補者を降ろした共産党の（野党間での）立場を強めることにつながった。

「第三極」のおおさか維新は、7議席獲得にとどまっている。選挙区での議席獲得は同党が拠点を置く大阪府と兵庫県に限られたが、そこでは結果的に民進党候補の当選を阻む役割を果たしている。

選挙後、各党で体制の見直しがあった。8月、自民党では、自転車事故で重傷を負った谷垣に代わり、志帥会の領袖・二階俊博（安倍に忠実なことで知られた）が幹事長に就任している。同月、おおさか維新では、全国的な集票拡大を目指し、党名を改めて日本維新の会とする決定があった。9月には、民進党で出直しの代表選が行われた。ここでは共産党との共闘の是非が争点となり、共闘維持派の蓮舫《れんほう》が、見直し派である前原誠司と玉木《たまき》雄一郎《ゆういちろう》を破っている。

## 民進党の解体

2017年、第二次政権発足から5年目に入った安倍首相は、宿願の憲法改正に向けていよいよ積極的に動き出す。14年衆院選と16年参院選を経て、「改憲容認勢力」は衆参両院で3分の2以上の議席を確保しており、改憲発議の前提条件は整っていた。

この年の憲法記念日、首相は「「2020」20年を新しい憲法が施行される年にしたい」と述べ、9条について「1項、2項をそのまま残し、その上で自衛隊の記述を書き加える」という独自の案を提示した（読売新聞2017年5月3日付）。この案は12年に発表された自民党改憲草案の内容（国防軍の設置）と異なり、9条の大幅な修正に慎重な公明党でも受け入れやすいと考えられた。こうした首相の意向を受けて、自民党は6月、自衛隊明記、高等教育無償化、緊急事態条項新設、参議院の合区解消という4点を改憲目標の柱にすると表明した。いずれも、他党（公明党・維新）や世論との関係で、実現可能性が比較的高いと見られた論点である。

安倍首相の働きかけは、メディアの注目を浴び、政界での憲法論議を活発化させた。しかし、その後も改憲発議への具体的プロセスは遅々として進まなかった。安倍にとって誤算だったのは、２０１７年に入って首相に関係するスキャンダルが立て続けに発覚したことである。同年2月以降、二つの学校法人への便宜供与疑惑（森友《もりとも》・加計《かけ》学園問題）が浮上し、首相は自身の関与の有無について野党から厳しく追及された。これらの問題は、延々と18年夏ごろまで尾を引くことになる。その間、新聞やテレビでは連日のように両問題が取り上げられ、特に高齢層の間で内閣支持率は顕著に低下した。火消しに追われた政権は、憲法問題を推進する余裕を持てなかった。

さらに、この政権の窮地に、地方政界から安倍自民党に挑戦する動きが出てきた。２０１７年秋、小池百合子東京都知事が、新たに改革保守政党を立ち上げ、国政に乗り出す意向を明らかにしたのである。自民党衆院議員であった小池は16年7月の都知事選に出馬して圧勝し、以来、自身が率いる地域政党（都民ファーストの会）を17年7月の都議選で大勝に導くなど日の出の勢いであった。地方政界を足掛かりに国政席捲を目指すのは、大阪における橋下の維新運動が好例であるように、個人人気の高い指導者の常套《じょうとう》手段である。

小池知事の動きに、政権側はたいへんな危機感を持った。安倍は新党の準備が整う前に衆院選を行うのが有利と判断し、9月末の衆院解散を決断する。これに対し、小池は9月下旬、正式に希望の党の旗揚げを宣言した。

突然の新党運動と解散風に、民進党内は動揺した。同党では都議選敗北で求心力を失った執行部が退き、前原が新代表に就いていた。野党再編を志向する前原は、民進党全体として希望の党に合流する方向を模索していく。ところが、小池の側で安保政策、憲法観の一致しない議員を「排除」したいとの意向が示された――小池は改憲に積極的であった――ため、民進党の左派系議員は合流を断念し、10月初頭、枝野幸男を中心に立憲民主党を立ち上げることになった。

結局、この騒動で民進党は（参院議員は残ったが）実質的に解体され、所属していた議員（および支持団体の連合）は来る衆院選で希望、立憲、無所属の三方に分かれて戦うことになる。小池からすれば、憲法問題が時代の争点である以上、無理に左派系議員を受け入れても早晩党内が割れることは目に見えており、政策的純化を求めたのは当然であった。つまりは、安倍政権のイデオロギー攻勢が、期せずして、野党の大同団結を妨げたどころか、その一層の細分化を促したのである。

## 55年体制への回帰？

衆院選は2017年10月下旬に実施された。政策争点は今回もはっきりしなかったが、この間の政界での議論を反映して、憲法問題を念頭に投票した有権者が従来になく多かったのがこの選挙の特徴である。戦いの構図は、大きく見て、自民・公明ブロック、維新・希望ブロック（大阪・東京で棲み分け）、立憲・共産・社民ブロック（統一候補擁立）の三つ巴《どもえ》となった。

結果は、またもや自民党の圧勝であった。同党の獲得議席数は２８４で、前回と遜色《そんしょく》ない結果である（比例得票数は前回より増やしている）。一時安倍を恐れさせた希望の党は結局、選挙前（57）を下回る50議席に終わり、振るわなかった。「排除」の過程で小池代表のイメージが傷ついたことが響いた。維新も11議席にとどまり、選挙前議席数（14）を割っている。

他方、立憲民主党は選挙前より40多い55議席を獲得し、躍進した。同党は、比例代表で２０１４年衆院選時の民主党より多い１１０８万票を獲得しており、相当に成功したと言ってよい。もっとも、小選挙区では、維新・希望ブロック候補と潰し合いになり、自民党に漁夫の利を与えたケースも多かった。また、立憲民主党の伸長を選挙協力で後押しした共産党は12議席に落ち込み、比例票数も前回より１００万以上減らしている。これは、今回の立憲民主党の躍進が、これまで共産党に向かっていた反自民の無党派層の票を吸収した結果であることを示唆する。

選挙結果を全体として見ると、「一強多弱」の構図がここにきてさらに鮮明になった形である。衆院第二党（立憲民主党）の議席占有率は11・８％で、戦後史上最低となった。このころになると、55年体制期のような一党優位制が復活したと見る論者も現れるようになる。

翌年夏には参院選が予定されており、中小野党、特に民進党や希望の党では衆院選後、早くもさらなる政党再編が模索された。この2党は結局、合流することを決め、玉木雄一郎を中心に2018年5月、国民民主党が立ち上げられる。これは最大野党の座を狙う再編であったが、双方で合流を拒む議員が大量に出た（衆院議員の参加は計39名にとどまった）ために、その目標は果たせなかった。同党は「対決より解決」を掲げ、防衛政策や憲法問題において政権与党の立場にも一定の理解を示した。民間大企業（旧同盟系）労組の支援を受けたことも含め、55年体制期の民社党に近い立ち位置の政党と言える。

かたや、野党第一党の方では、いよいよ「社会党化」が進んだ。主として官公（旧総評系）労組に支援され、旧民進党よりも純化された左派政党として、立憲民主党は、イデオロギー的争点に関しては、共産党と歩調を合わせて政権との対決姿勢を鮮明にしている。その一方、スキャンダルを執拗に追及することで、政権のイメージダウンと国会の時間切れを狙う戦術を徹底した。憲法問題については、改憲の具体的な論点はもちろんのこと（集団的自衛権行使を認めた安倍政権は非立憲的であるとして、首相の提案するあらゆる改憲案に反対した）、投票者の利便性を高めるための国民投票法改正案についてさえ、立憲民主党は審議に応じようとしなかった。その内容自体には反対でなかったにもかかわらず、である。同党は、消費税についても、共産党などとともに2019年10月からの税率引き上げに反対し、民主党政権末期の民自公3党合意——このとき枝野代表は野田政権の閣僚を務めていた——を事実上、反故にした。

かつて「改革の時代」に左右幅広い議員を糾合し、自民党の有力な対抗勢力、受け皿として機能した旧民主党の面影はもはやそこになかった。各種調査によると、立憲民主党に対する支持率は低いままで（時事世論調査では5％前後）、政権担当能力があると認める有権者も少数にとどまった。言い換えれば、同党の採った対決型の国会対応は、少数の岩盤支持層の期待に応えたにすぎなかった。

しかも、こうした対決型野党の戦術は、安倍自民党の支持層を切り崩すことにも効果を持たなかった。自民党の支持率は比較的高位（時事世論調査では25％程度）で安定しており、内閣支持率も2018年の秋口には再び回復局面に入った。同党では18年9月に総裁選が行われ、石破が対抗馬に立ったが、安倍は圧倒的多数の国会議員票を得て悠々と再選されている。

第二次安倍政権発足後、多くの選挙と政党再編が行われてきたが、結果としては、一党優位化と与野党第一党のイデオロギー的分極化が進んだ形となった。つまり、政党間競争の構図という点では、日本政治は一周回って（「改革の時代」を挟んで）元の55年体制に似た形に回帰した。与野党第一党の立場を分かつ中心的争点が憲法問題——特に9条と現実の防衛政策の整合性をめぐる問題――であることも変わっていない。否、憲法問題が政党間の対立争点として存在し続けているからこそ、保守政党が政権担当能力イメージを独占し、優位政党化するという55年体制的あり方が戦後日本の政党システムの基本型を成しているのである。

## 平成から令和へ

2019年5月1日、天皇の退位により、元号が令和に改められた。天皇崩御に伴う前回の代替わりとは異なり、世は祝祭ムードに包まれた。

政局もあいかわらず安定していた。2019年4月の統一地方選で、自民党は堅調な結果を残している。内閣/自民党支持率も依然として高水準を維持していた。

この年の夏には参院選が予定されていたが、野党にとっての頼みの綱は、選挙協力を進めることのみである。そこで、立憲・国民・共産を含む5野党・会派が1人区の候補者一本化に合意したが、各党の政策路線の違いから、相互推薦までは実現しなかった。そして何より、今回も維新が候補者調整の枠組みに入っていなかった。

2019年7月の参院選は、第二次安倍政権下のすべての国政選挙でそうであったように、盛り上がりを欠き、48・8%の低投票率となった。獲得議席数は、自民党が57で、前回と同等であった。公明党も前回と同じく14議席を得た。野党の候補者調整が進んだ1人区の結果は、自民党側の22勝10敗で、やはり前回並みであった。

野党間協力の成果を享受したのはもっぱら立憲民主党で、同党は改選数より8多い17議席を得ている。ただし、同党の比例票数は791万にとどまり、2017年衆院選で1100万票以上を得たのに比べかなり見劣りする結果であった。新興（19年4月結党）のリベラル政党・れいわ新選組に票が分散した影響も見られる。

その他、国民民主党は6議席、共産党は7議席と、いずれも選挙前より減らしている。野党連携の枠組みに入らなかった維新は、10議席獲得（選挙前より3増）とまずまずの結果を残した。

興味深いのは、以上の選挙結果を受けて、敗北を認めた主要政党の党首が誰一人いなかったことである。客観的に見れば、安倍自民党が国政選挙6連勝を果たしたのであったが、そもそもどの野党も（メディアや国民も）、与党を議席過半数割れに追い込めるとは事前にまったく想定しておらず、その面での敗北感は小さかった。むしろ立憲・共産・社民といった護憲派野党では、「改憲容認勢力」の合計議席数を「3分の2」——第1章でふれた「二重の基準線」——未満に押し戻した「戦果」が強調され、自党の存在意義を誇ることができた。

このような形で、小規模野党が満足感を得られるのもまた55年体制期と同様で、要するに憲法問題が争点として埋め込まれた戦後日本政治そのものの特徴である。

参院選後、景気後退局面での消費税再引き上げ（2019年10月）や首相に関係する新たなスキャンダル（首相主催のイベントに支援者を招いて私物化したとされる）の浮上といったマイナス要素もあったが、やはり安倍政権が揺らぐ気配はなかった。日本の政党政治は、もはやその内発的な力によって——政党間はおろか与党内においてさえ——政権交代をもたらす可能性を失っていた。

超長期政権を終わらせたのは、政府の施策やスキャンダルに対する野党の追及ではなく、外国から来た伝染病であった。2020年に入り、中国で急増していた新型コロナウイルスの感染者が日本国内でも現れ、しだいに状況が悪化していった。春には外出制限が要請されるなど国民生活に深刻な混乱が生じ、夏に予定されていた東京オリンピック・パラリンピックも翌年に延期となる。パンデミックという未曾有の危機に政権は有効な手を打てず（感染者数、死者数は世界基準では低位に抑えられたが）、内閣支持率は急速に落ち込んでいった。

2020年8月末、持病が再び悪化したことを理由に、首相はついに退陣の意向を表した。内閣総辞職は9月16日である。安倍首相の在職日数は通算3188日、第二次内閣以降の連続在職日数は2822日で、いずれも憲政史上最長となった。

# 終章　「ネオ55年体制」の完成

## 新旧55年体制

本書の目的は、戦後史全体の大きな流れをふまえたうえで、日本政治の現在を理解することであった。ここまで75年間（1945〜2020年）の歴史をたどり、我々はようやく「いま」について語りうる段階に至った。

55年体制から「改革の時代」を経てたどりついた政治システム、それを筆者は「ネオ55年体制」と呼んでいる。

第二次安倍政権発足以降、とりわけ2017年に立憲民主党が結成されて以降の政治状況がいかに55年体制的であるかという点は、すでに前章で述べた。政党間競争の構図という面で新旧55年体制に共通するのは、（1）保守政党が優位政党である、（2）与野党第一党がイデオロギー的に分極的な立場を取っている、という2点であった。言い換えれば、戦後日本では今も昔も、圧倒的に強い右派政党の自民党が政権を取り続け、それと対峙する社会党／立憲民主党が（平均的な有権者から見て極端な）左派路線に傾斜している。

もっとも、55年体制期と今日の政治のあり方が完全に同質であるわけではもちろんない。一つの明らかな違いは、二つの時代で政治制度が大きく異なっているという点である。新旧55年体制の間には、大規模な政治制度改革が行われた時代が挟まっている。

1990年代の政治改革には、政界浄化をはじめとするいくつもの狙いが含められたが、なかでも重要な目標は、「政権交代の可能性がきわめて低い」、「首相（＝与党指導者）のリーダーシップが弱い」という二つの55年体制の弱点を解消することに置かれた。94年の選挙制度改革（小選挙区比例代表並立制の導入）は政権交代可能性を高めるだろうと考えられたたし、それだけでなく、各党の凝集性を高め、執行部の指導力を強化することにも寄与するはずの一石二鳥の策であった。政党助成制度導入や橋本行革も、各党執行部あるいは内閣・首相への権力集中を狙いに含んだ改革である。

要するに、政治システムを「政権交代可能性」と「首相への権力集中度」の2軸で分類すると、55年体制は表6−1の右下セル、すなわち両軸の水準が低いタイプとして特徴づけられる。これに対して、平成期の政治改革が目指したモデルは、表の左上セルに位置する。政権交代が起きる可能性が常に十分あり、首相（ないし与党執行部）の指導力が強いこの政治システムは、英国議院内閣制を理念型とする「ウェストミンスター・モデル」とも呼ばれる。

では、平成期の一連の制度改革は、実際にどのような効果をもたらしたのか。まず、首相への権力集中度が制度的に高められたかという点については、今日、大方の政治学者が肯定的だと見られる。小泉政権期以来、政治過程の「官邸主導」化が進んだことは本書でも見てきた通りである。実際に首相がどれだけ指導力を発揮できるかは、各時期の社会状況や首相個人の資質にもよる。だが、充実した官邸スタッフを活用して、トップダウンで政策立案しうる仕組みが整えられているかどうかは、新旧55年体制の大きな違いである。

　他方、政権交代可能性については、2012年以降の状況を見ると、高まっていないと言わざるを得ない。2000（ゼロ）年代には民主党が自民党に比肩する政党に成長し、09年衆院選で政権奪取に成功した――当時、政治学者の間で

**表6-1　政治システムの分類**

| 首相への権力集中度 ＼ 政権交代可能性 | 高 | 低 |
|---|---|---|
| 高 | 政治改革モデル | ネオ55年体制 |
| 低 | ― | 55年体制 |

出典：中北浩爾「長期政権になったのはなぜか」（『検証 安倍政権』所収）を参考に筆者作成

は「政治改革モデル」がついに実現したとも理解された——が、戦後政治史全体を見た場合、例外的、逸脱的な出来事にすぎなかったと見るべきである。

つまり、現実の日本政治は、表6-1の縦方向（首相への権力集中度）では改革の狙い通りに変化した一方、横方向（政権交代可能性）ではその通りに動かなかったと見なされる。この右上セルのタイプを、本書ではネオ55年体制と呼ぶわけである。

ネオ55年体制の特徴のうち、政権交代可能性の欠如は第二次安倍政権期に顕著となった。しかし、同政権の退陣後も、今日まで一党優位状況は続いている。言い換えれば、自民党一党優位は、安倍晋三首相の属人的な能力によって（のみ）もたらされたわけでなく、より構造的な要因に基づいた現象である。本書の最後に、「安倍後」の政治の動きを素描し、この点を確認しよう。

## 「大民主党」構想の挫折

2020年9月、安倍総裁の後任を決める自民党総裁選が行われた。立候補したのは菅義偉（官房長官）、岸田文雄《きしだふみお》（政調会長、宏池会会長）、石破茂の3人で、結果は、安倍に推された菅の圧勝に終わっている。

菅は、政治家秘書、地方議員を経て衆院議員（初当選は1996年）となった、久々のたたき上げの自民党総裁である。特筆すべきこととして、彼は、派閥領袖でなかったどころか、（２００９年総裁選以降）どの派閥にも属していなかった。無派閥議員が総裁に選ばれるなど、（旧）55年体制期には考えられなかったことである。菅は自身の才覚で盟友の安倍を首相に押し上げ、安倍政権で重用され続け、ついには総裁にまでなった。華やかな政治家とは言いがたいが、官房長官を8年近くも務めたことで抜群の知名度があり、人気も低くなかった。

同じころ、対する野党陣営では、またぞろ政党再編の動きが見られた。立憲民主党は２０１９年参院選の結果に限界を感じたのであろう、その年の冬から非維新・非共産党系野党の結集に向けて動いていた。特に焦点となったのは、旧民主党の流れを汲む国民民主党との合流である。両党の支持団体として股裂き状態に置かれていた連合も合流を期待していた。これはつまり、かつて自民党政権を倒した「大民主党」を再興しようとの構想である。

国民民主党の中にも、２０１８年の結党以来、支持率の上がる気配がない中で、この構想に賛同する議員は少なからずいた。ところが、ほかならぬ代表の玉木雄一郎が、憲法問題などでの政策路線の相違から合流に慎重姿勢を見せる。改憲に前向きな玉木ら右派議員は、憲法論議に乗ろうともしない立憲民主党に対して批判的であった。

結局、国民民主党は再編問題をめぐって分裂し、泉健太《いずみけんた》らは２０２０年9月に立憲民主党と合流（法的には新党となる立憲民主党を結成）した。一方、玉木ら残留組は（やはり法的には新党となる）国民民主党を改めて立ち上げた。結党時の（新）立憲民主党、（新）国民民主党の国会議員数はそれぞれ150人、15人である。

こうして結果的に、両党の所属議員数のバランスこそ大きく変わったものの、有権者から見て、二つの旧民主党系政党があるという外観はまったく変化することがなかった。「大民主党」構想は挫折に終わったと言ってよい。「再イデオロギー化」した政治状況では、憲法問題や防衛政策での意見の集約が各党に求められる。このことが野党の大同団結を難しくしているのである。

### コロナ渦中の政治

2020年9月に発足した菅内閣は、首相自身が前政権の中枢にいたこともあり、右派的な「安倍亜流」政権と一般に理解された。左派政党は当然、新政権にも対決姿勢を崩していない。日本学術会議（科学者の意見を代表する機関）の会員選考に異例にも官邸が介入したという件で、菅首相は就任早々、立憲民主党や共産党などから、学問の自由を侵害したとして厳しく批判された。

ともあれ、一般有権者の関心事は、もっぱら新型コロナウイルス感染症の問題である。この問題で迅速に有効な対策を打てなかった（と一般に認識された）のが、菅政権の評価にとって致命的であった。地方自治体との連携を要する感染症対策においては、政治改革後の官邸主導体制もうまく機能しない面があった。感染者数の上昇に反比例するように内閣支持率は下落し、自民党は2021年4月の衆参両院の補選、夏の地方選で敗北を重ねた。この秋には衆院議員の任期満了が迫っていた。

ここで、就任1年ほどにすぎない菅首相が、電撃的に事実上の退陣表明を行う。もともと（安倍前総裁の任期を引き継いだ）菅総裁の任期は2021年9月までであったが、同月初頭、菅は次期総裁選に出馬しないとの意向を表したのである。

党首選を派手に行ってメディアの注目を集め、「党の顔」を変えて苦境を脱しようとするのは、自民党にとって常套手段である。実際、9月末の総裁選には、岸田のほか、大衆人気のある河野太郎《たろう》（洋平の子）、女性の高市早苗、野田聖子と多様な候補が立って混戦となり、世間の注目を集めた。

ところが、総裁選を最終的に制した岸田は4候補の中でも特に地味で、新内閣発足後の世論調査でも支持率は比較的低水準であった。これを受けて、立憲民主党内では楽観的空気が広がり、まもなく行われる衆院選で自民党を追い詰められる、場合によっては政権交代までありうるとの期待感が高まっていく。メディアの報道でも、下野まで行くかはともかく、自民党の議席が大幅に減るのは確実というのが大方の予測であった。

こうした見方の背後には、衆院選に向けて確立された、かつてない規模の野党共闘体制があった。289ある小選挙区のうち、213区で5野党（立憲、国民、共産、れいわ、社民）の候補者一本化が実現しようとしていた。

ただ、この共闘体制を作り上げるため、立憲民主党は共産党とそれまで以上に関係を深めることになった。9月には、立憲民主党が政権を取った場合、共産党から「限定的な閣外からの協力」を得ることで合意している。これに対し、政権与党側は、共産党を（限定的とはいえ）政権運営に参加させようという立憲民主党の「容共」姿勢を厳しく攻撃した。

10月中旬に衆議院が解散され、総選挙は同月末に行われることになった。今選挙の争点は、コロナ問題になるはずであった。しかし、感染拡大の波は、折しも自民党総裁選の時期を境に急速に引いており、選挙戦はこの面では「凪」の状態で行われることになる。他方で、立憲・共産党の緊密な関係性を自公側が執拗に批判した結果、この選挙では保革イデオロギー軸に沿った政党間対立の図式が、いつも以上に強調されることになった。「容共か反共か」という古色蒼然《そうぜん》たる論点が復活したという点では、2021年衆院選はきわめてイデオロギー的で、55年体制的色彩の強い選挙となった。

２０２１年衆院選は、大方の政界関係者にとって「夢にも思っていなかった」（福山哲郎立憲民主党幹事長。朝日新聞２０２１年11月3日付）結果に終わる。同選挙で自民党は２６１議席を得て、単独で過半数（２３３）を大きく上回る勢力を維持した。他方の立憲民主党は96議席にとどまり、政権を奪うどころか、選挙前（１０９）よりむしろ後退した。他の政党については、選挙前に比べ、維新が11から41議席へと大きく伸びた（前回、希望の党に投じられた票を吸収したと見られる）以外は、それほど変動していない。

立憲民主党の頼みの野党共闘の効果は、期待外れに終わった。同党では、立憲候補に一本化された１６０選挙区中、少なくとも75区で「当選が計算できる」と見られていたが、実際には42区の勝利にとどまった（同党「第49回衆議院議員選挙総括」）。これは、共産党に接近しすぎたことで一般有権者や連合組合員（歴史的経緯から、連合は共産党と距離がある）の票が逃げた結果である、という見方が選挙後に流布した。

この衆院選の結果は、以下の点で重要な意味を持つ。一つは、自民党が、安倍総裁の下でなくても安定した勝利を挙げられることを証明した点である。岸田政権は（末期の菅政権よりマシだったとはいえ）高い人気を得ていたわけではなかったが、選挙結果は安倍政権下のそれと大差なかった。党首ではなく、各党そのものに対する評価が、近年の一党優位の基底にあることを示唆する結果である。

もう一つ重要なのは、この選挙を契機に、中道政党が野党ではなく与党側に接近する姿勢を強めたことである。衆院選後、国民民主党は野党共闘路線から離れたどころか、改憲論議を促したり、政府予算案に賛成したりするなど、親政権与党路線を鮮明にした。この動きの背景には、（潜在的には連携対象であるはずの）立憲民主党が共産党と関係を深め、しかも選挙で敗れたことがあった。55年体制期においても、中道の民社党は、左派路線に傾斜した（共産党との連携も辞さない）社会党と距離を縮められず、結局、自民党に接近する動き（自公民路線）を強めたが、この面でも歴史は繰り返した。

以上の意味において、2021年衆院選は、日本政治のネオ55年体制化を象徴し、また同体制を完成させた選挙として位置づけられる。

## 未決の憲法問題と日本政治

2022年7月8日、奈良市内で街頭演説を行っていた安倍元首相が銃撃され、死去するという衝撃的な事件が起きた。直後に行われた参院選では、それでなくても優勢と見られていた自民党がおそらく同情票まで集め、圧勝している。

右派のアイコンであり、首相退任後も強大な政治力を保持し、まだ若くもあった（67歳だった）安倍が突然世を去ったことが、自民党内外に今後どのような影響をもたらすのか、今のところ見通すことはできない。少なくとも短期的には、安倍の国葬儀の是非をめぐって、また（暗殺犯の背景から大きく取り上げられるようになった）自民党と宗教団体・旧統一教会との関係をめぐって、政権に批判が集中し、岸田内閣の支持率が顕著に低下するという現象が見られた。

しかしいずれにせよ、保守政党が政権担当能力イメージを独占し、野党が断片化しているという状態、すなわち55年体制的状況は今後も容易に変わらないだろう。１９５５年の保守合同後、政党間競争の構図は（「改革の時代」を除いて）ほとんど常に55年体制的だったのであり、一人の政治家の死によって急にこの構造が崩れると考える理由はない。

歴史を紐解《ひもと》けば明らかなように、この構造は、日本の戦後政治に憲法問題がビルトインされていることに由来する。１９５０年代に憲法９条と現実の防衛政策の整合性が問われて以来、今日までエリートレベルではこの問題をめぐって論争が続いており、その亀裂は、大政党有利の小選挙区制下でさえ政党を分立させるほどに深い。そして野党の結集が妨げられたことで、自民党は漁夫の利を得、政権の座にあり続けてきたのである。その意味では、９条の存在こそが、逆説的にも、改憲を党是としてきた自民党の優位を支えてきたという言い方もできよう。

１９９０年代以降の政治改革は、選挙制度や統治機構に大幅な修正を加えた一方で、憲法問題に手をつけることはなく、したがって55年体制型政党システム——もはや「戦後日本型政党システム」と呼んでもよい——を打破することはできなかった。そして今後も、憲法問題が解消されない限り、あるいは憲法改正という争点を「軍国主義か民主主義か」というイデオロギー的問題として捉える枠組みから日本人が解放されない限り、この国の「戦後」が終わることはないだろう。

# あとがき

筆者は、東京大学法学部で「日本政治」という科目の講義を担当している。この授業の主眼は、現代ないし現在の日本政治について分析し、理解を深めることにある。だが、この目的を十分に果たすためには、少なくとも占領期以降の歴史的展開に関する一定の知識を持っていることが不可欠なのであり、授業内でも「来《こ》し方《かた》」についてふれる時間は相当に長い。その部分の内容をつないで一冊にまとめたのが本書である。あくまで「現在地点の把握」を主たる目標に置いた歴史叙述であるために、どちらかといえば古い時代ほど記述が大まかで、新しい時代ほど細かい情報が多く含まれる構成となっている。

本書はそれほど厚い本ではないが、これくらいの内容であっても「理解」している人はごく少ない、ということを筆者は経験上、知っている。もちろん、日本の政治に関してまったく何も知らず、まったく何のイメージも湧かないという有権者はまずいない。過去のことも含め、国内の政治家や政党については、日常生活上で情報に接する機会が多く、誰でも何かを知っているし、何かを語ってもいる（ワイドショー番組のコメンテーターを見よ）。だが、情報がありふれているからこそ、日本政治（史）に関する知識は断片化しがちで、その断片を結び合わせて全体像を捉えるのは存外難しい。

「全体像」というのは、戦後政治史全体の「筋書」と言い換えてもよい。本来、歴史には小説のような特定のストーリーは存在しないのだが、自分なりの「筋書」を持つことなしに、80年もの政治の動き全体を咀嚼《そしゃく》して理解するのは無理である。この本の示す「筋書」は筆者なりの咀嚼の仕方であり、一つの型にすぎないが、読者自身にとっての咀嚼の手助けになると信じる。関連して、本書で「実質的意味の55年体制」「ネオ55年体制」といった耳慣れない概念を導入したのも、各時期における政治の特徴を大づかみし、全体像の理解を助けるためだとお考えいただきたい。

本書を執筆するにあたり、既存の多くの文献資料を参考にした。「主要参考文献」には本文の記述内容に直接的に関わる、文字通り主要なものだけしか掲載し（でき）なかったが、背景知識として役立てた史資料はこれよりはるかに膨大である。文献を読み込む中で、筆者自身新たに知った興味深い事実も数限りなくあったが（物事には必ず裏側というものがあり、さらに「裏の裏」まであるという）、その多くは本書の中に取り込んでいない。これは、紙幅の都合上ということもあるが、取り上げる事項を思い切って限定するからこそ全体の筋を理解しやすい面もある、つまり、「コンパクトな通史」たることに積極的意義があると考えた結果でもある。本書は、より玄人的な日本政治論へと読者を導く、ガイダンスの役割を担えれば十分である。

もっとも、実際のところ、大方の多忙な市民にとって（政治業界のプロは別として）、本書の内容程度の知識があれば、日常の社会生活を送る（周囲と政治に関する会話をしたり、選挙で投票したりすることも含む）うえで大きな不足はないはずだとも思う。新書という媒体に求められる社会的役割は、おそらくそうしたものであろう。

中央公論新社の田中正敏氏には、本書の企画から完成まで、懇切丁寧にお導きいただいた。執筆依頼をいただいてからずいぶん時間がかかってしまったが、氏のご尽力でようやく仕上げることができ、感謝の念に堪えない。この1年ほどは「ゴールポストが動く」ことが恐ろしく、本書執筆の観点から政治の安定を期待するという、通常ではありえない（邪道な）動機を持って日本政治を観察してきたが、そうした軛《くびき》からもようやく解放されそうである。本来、政治に健全な競争性があるのが望ましいことは言うまでもない。なぜそうした競争がわが国の政治に欠けているのかを考える手がかりとして、本書が役立つことを願う。

2023年3月

境家史郎

# 主要参考文献

アジア・パシフィック・イニシアティブ『検証 安倍政権』文藝春秋、2022年
芦田均（進藤榮一・下河辺元春編）『芦田均日記』全7巻、岩波書店、1986年
安倍晋三『新しい国へ 美しい国へ 完全版』文藝春秋、2013年
雨宮昭一『占領と改革』岩波書店、2008年
五百旗頭真『占領期』講談社、2007年
五百旗頭真（監修）・井上正也・上西朗夫・長瀬要石『評伝 福田赳夫』岩波書店、2021年
五十嵐仁・木下真志・法政大学大原社会問題研究所編『日本社会党・総評の軌跡と内実』旬報社、2019年
石川真澄・広瀬道貞『自民党』岩波書店、1989年
石川真澄・山口二郎『戦後政治史 第四版』岩波書店、2021年
伊藤昌哉『池田勇人 その生と死』至誠堂、1966年
伊藤昌哉『池田勇人』時事通信社、1985年
イングルハート、R.（三宅一郎・金丸輝男・富沢克訳）『静かなる革命』東洋経済新報社、1978年
上神貴佳・堤英敬編著『民主党の組織と政策』東洋経済新報社、2011年

ウォルフレン、カレル・ヴァン(篠原勝訳)『日本/権力構造の謎』上下、早川書房、1990年
及川智洋『戦後日本の「革新」勢力』ミネルヴァ書房、2021年
大嶽秀夫『自由主義的改革の時代』中央公論社、1994年
大嶽秀夫『日本政治の対立軸』中央公論新社、1999年
岡田一郎『革新自治体』中央公論新社、2016年
緒方竹虎伝記刊行会編『緒方竹虎』朝日新聞社、1963年
小熊英二『1968』上下、新曜社、2009年
蒲島郁夫『戦後政治の軌跡』岩波書店、2014年
蒲島郁夫・境家史郎『政治参加論』東京大学出版会、2020年
カルダー、ケント・E(淑子カルダー訳)『自民党長期政権の研究』文藝春秋、1989年
岸信介『岸信介回顧録』廣済堂出版、1983年
北岡伸一『自民党』中央公論新社、2008年
久米郁男『労働政治』中央公論新社、2005年
グループ一九八四年『日本の自殺』文藝春秋、2012年
月刊社会党編集部『日本社会党の三十年(1)』社会新報、1974年
合田公計(解説・訳)『GHQ日本占領史 第33巻 農地改革』日本図書センター、1997年
河野康子『戦後と高度成長の終焉』講談社、2010年
後藤謙次『ドキュメント平成政治史』1~3、岩波書店、2014年
境家史郎『憲法と世論』筑摩書房、2017年

佐々木毅『いま政治になにが可能か』中央公論社、1987年
佐々木毅・清水真人編著『ゼミナール現代日本政治』日本経済新聞出版社、2011年
佐藤榮作（伊藤隆監修）『佐藤榮作日記』全6巻、朝日新聞社、1997〜99年
塩谷隆英『下河辺淳小伝』商事法務、2021年
清水真人『平成デモクラシー史』筑摩書房、2018年
新川敏光『幻視のなかの社会民主主義』法律文化社、2007年
菅原琢『世論の曲解』光文社、2009年
鈴木昭典『日本国憲法を生んだ密室の九日間』創元社、1995年
竹下登『政治とは何か』講談社、2001年
田中角栄『日本列島改造論』日刊工業新聞社、1972年
田中善一郎『日本の総選挙1946-2003』東京大学出版会、2005年
ダワー、ジョン『敗北を抱きしめて』上下、岩波書店、2004年
永井陽之助『現代と戦略』文藝春秋、1985年
中北浩爾『自民党政治の変容』NHK出版、2014年
中北浩爾『自民党』中央公論新社、2017年
中北浩爾『日本共産党』中央公論新社、2022年
中野潤『創価学会・公明党の研究』岩波書店、2016年
西尾末広『西尾末広の政治覚書』毎日新聞社、1968年
日本再建イニシアティブ『民主党政権 失敗の検証』中央公論新社、2013年

日本再建イニシアティブ『「戦後保守」は終わったのか』角川書店、2015年
服部龍二『中曽根康弘』中央公論新社、2015年
服部龍二『佐藤栄作』朝日新聞出版、2017年
早川純貴『「公労協」労働運動の終焉』御茶の水書房、2022年
原彬久『戦後史のなかの日本社会党』中央公論新社、2000年
平井陽一『三池争議』ミネルヴァ書房、2000年
福永文夫『大平正芳』中央公論新社、2008年
福永文夫『日本占領史1945-1952』中央公論新社、2014年
前田幸男・堤英敬編著『統治の条件』千倉書房、2015年
牧久『昭和解体』講談社、2017年
牧原出『「安倍一強」の謎』朝日新聞出版、2016年
升味準之輔『戦後政治』上下、東京大学出版会、1983年
升味準之輔『現代政治』上下、東京大学出版会、1985年
升味準之輔『日本政治史4 占領改革、自民党支配』東京大学出版会、1988年
松下圭一『戦後政党の発想と文脈』東京大学出版会、2004年
宮城大蔵編著『平成の宰相たち』ミネルヴァ書房、2021年
宮澤喜一『東京―ワシントンの密談』中央公論社、1999年
村井良太『佐藤栄作』中央公論新社、2019年
村上泰亮『新中間大衆の時代』中央公論社、1987年

森裕城『日本社会党の研究』木鐸社、2001年
薬師寺克行編『村山富市回顧録』岩波書店、2012年
薬師寺克行『現代日本政治史』有斐閣、2014年
山口二郎・中北浩爾編『民主党政権とは何だったのか』岩波書店、2014年
山本健太郎『政界再編』中央公論新社、2021年
吉田茂『回想十年』上中下、中央公論新社、2014〜15年
読売新聞社政治部編『総理大臣・鈴木善幸』現代出版、1980年
若月秀和『大国日本の政治指導』吉川弘文館、2012年
綿貫譲治『日本政治の分析視角』中央公論社、1976年

## 主な政党の変遷【1945～60年】

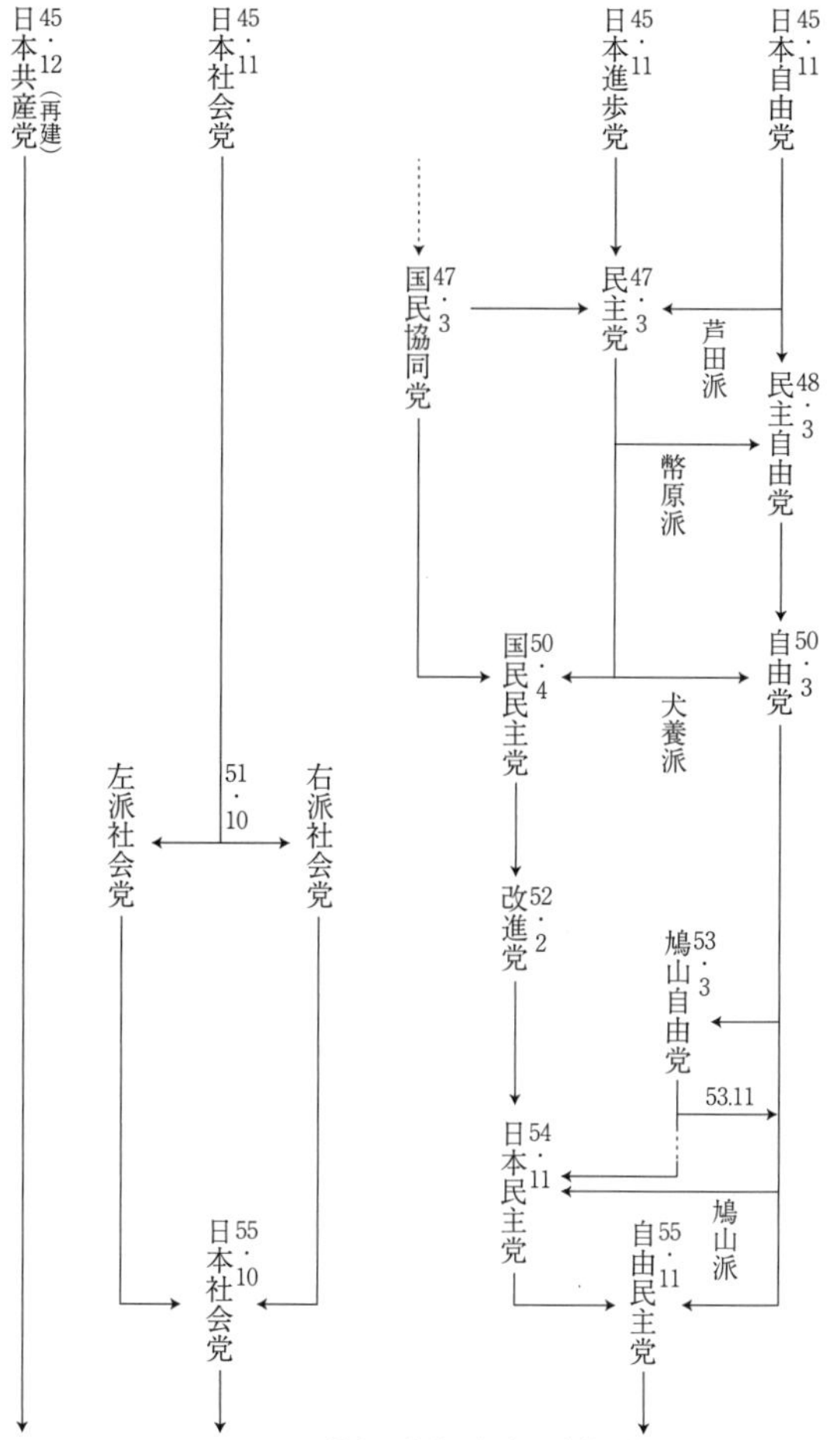


数字は結党、解党、改称の年・月
点線部分は本文でふれていない小政党を略したもの

【1960～90年】

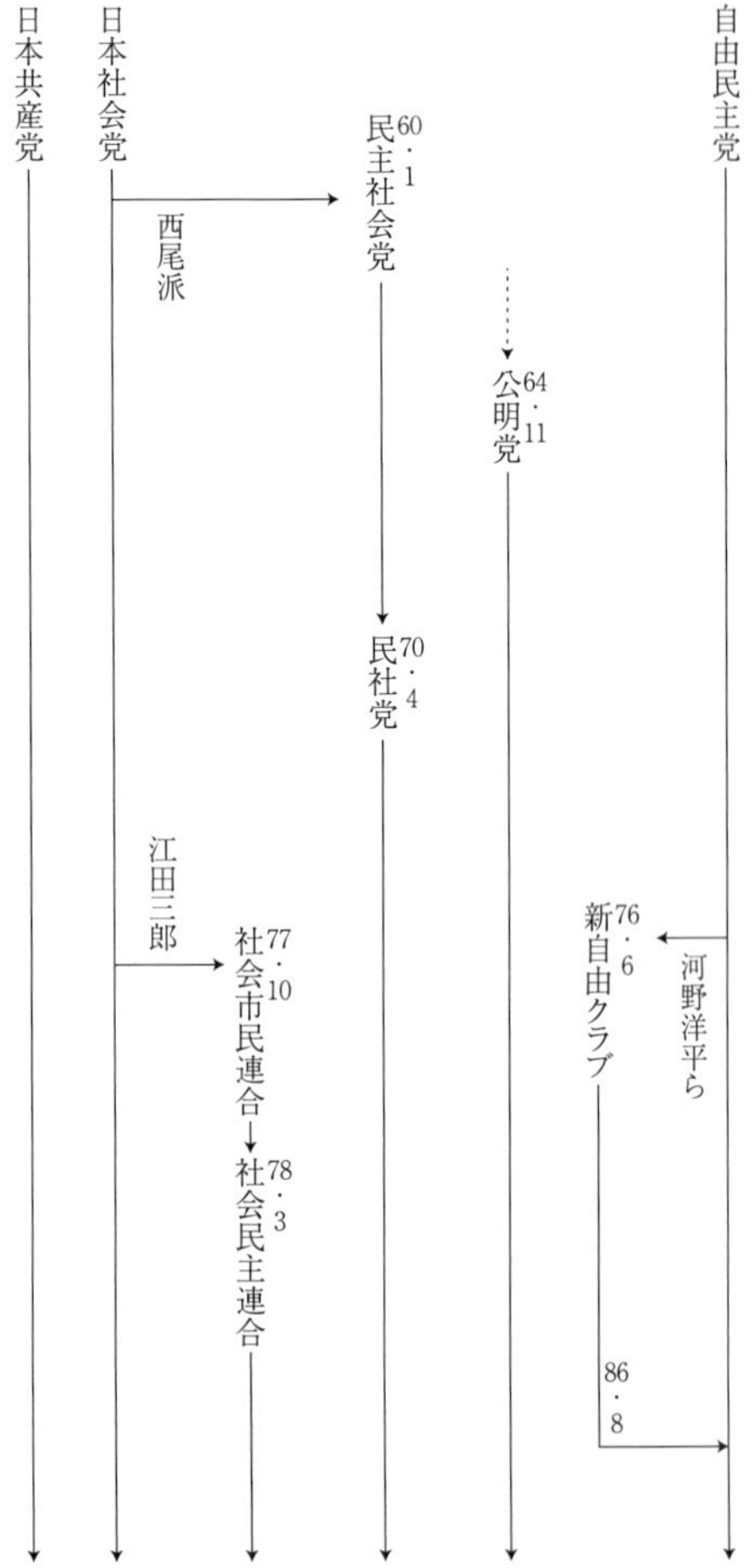
日本共産党
日本社会党
西尾派
60・1 民主社会党
64・11 公明党
70・4 民社党
江田三郎
77・10 社会市民連合
78・3 社会民主連合
自由民主党
河野洋平ら
76・6 新自由クラブ
86・8

## 【1990～2005年】

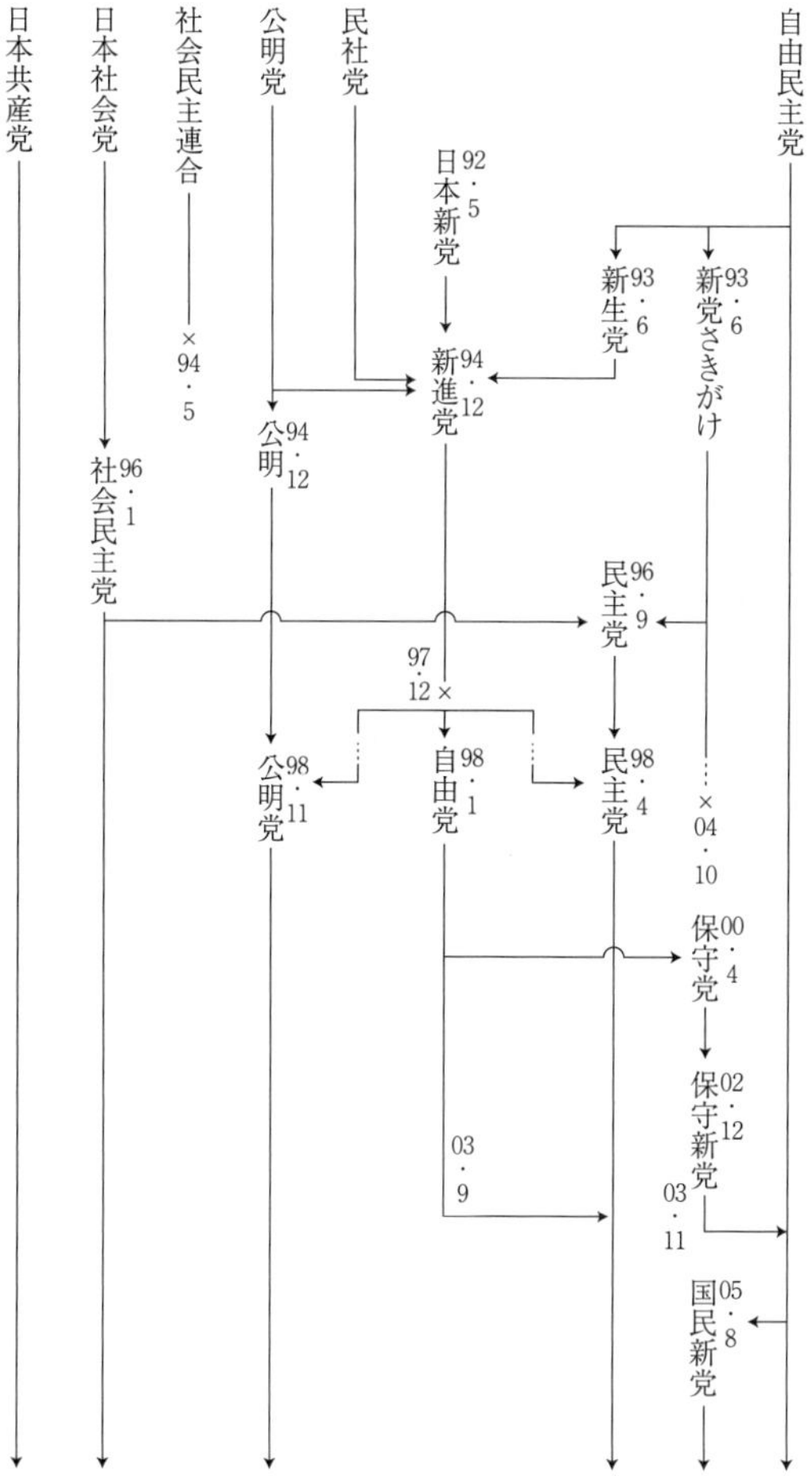

自由民主党
民社党
公明党
社会民主連合
日本社会党
日本共産党
日本新党 92・5
新党さきがけ 93・6
新生党 93・6
新進党 94・12
×94・5
公明 94・12
社会民主党 96・1
民主党 96・9
97・12×
公明党 98・11
自由党 98・1
民主党 98・4
×04・10
保守党 00・4
保守新党 02・12
03・9
03・11
国民新党 05・8

## 【2005年～】

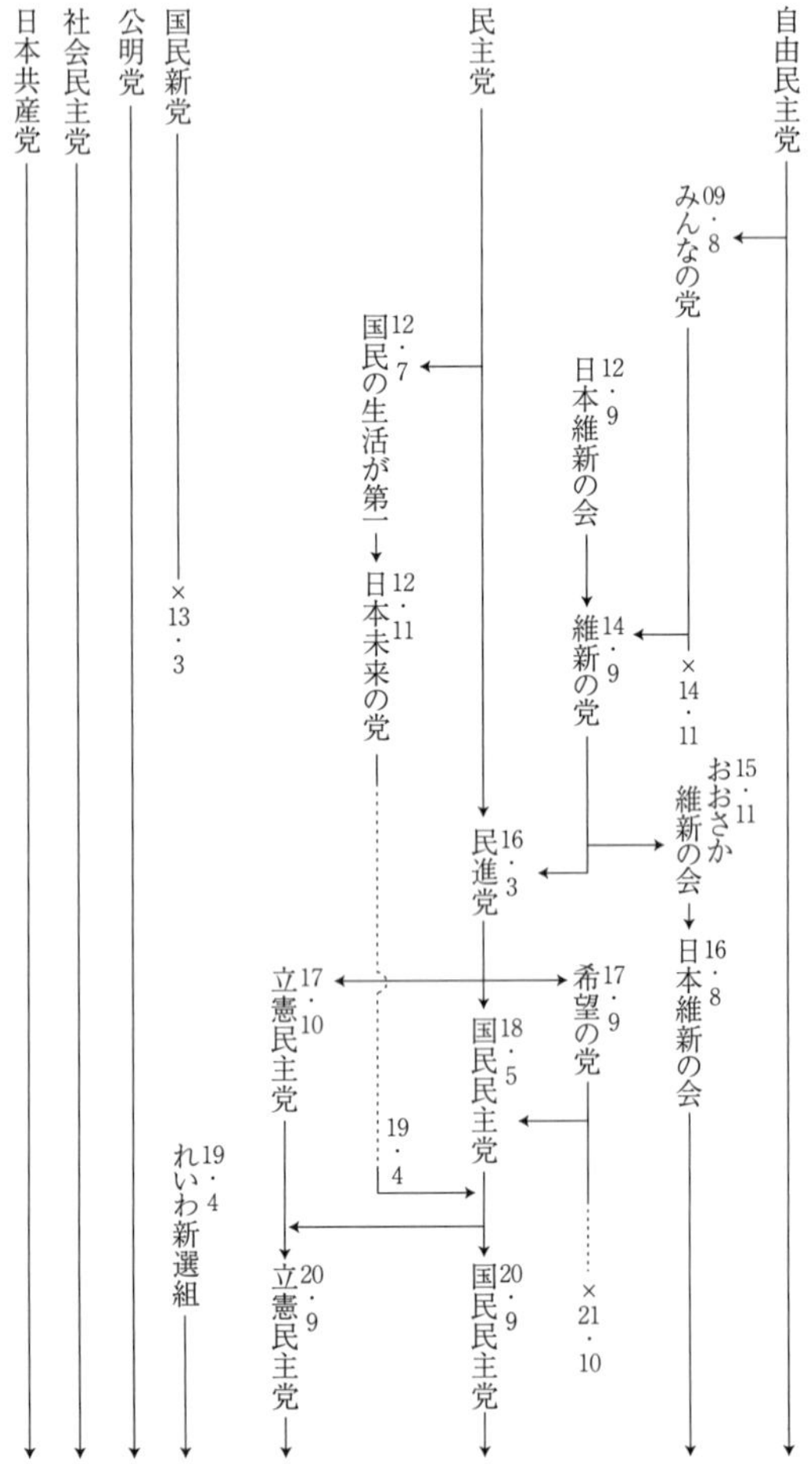


出典：朝日新聞記事等をもとに筆者作成

境家史郎（さかいや・しろう）

1978年，大阪府生まれ．2002年，東京大学法学部卒業．08年，東京大学博士（法学）取得．専攻は日本政治論，政治過程論．東京大学社会科学研究所准教授，首都大学東京法学部教授などを経て，20年11月より東京大学大学院法学政治学研究科教授．

著書『政治的情報と選挙過程』（木鐸社，2006年）
『政治学の方法』（共著，有斐閣，2014年）
『憲法と世論』（筑摩選書，2017年）
『政治参加論』（共著，東京大学出版会，2020年）
など

戦後《せんご》日本《にほん》政治史《せいじし》
中公新書 *2752*

2023年 5 月25日初版
2024年 5 月30日再版



著　者　境 家 史 郎
発行者　安 部 順 一

本文印刷　暁 印 刷
カバー印刷　大熊整美堂
製　　本　小泉製本

発行所　中央公論新社
〒 100-8152
東京都千代田区大手町 1-7-1
電話　販売 03-5299-1730
　　　編集 03-5299-1830
URL https://www.chuko.co.jp/


Published by CHUOKORON-SHINSHA, INC.
Printed in Japan　ISBN978-4-12-102752-8 C1231

# 中公新書刊行のことば

いまからちょうど五世紀まえ、グーテンベルクが近代印刷術を発明したとき、書物の大量生産は潜在的可能性を獲得し、いまからちょうど一世紀まえ、世界のおもな文明国で義務教育制度が採用されたとき、書物の大量需要の潜在性が形成された。この二つの潜在性がはげしく現実化したのが現代である。

いまや、書物によって視野を拡大し、変りゆく世界に豊かに対応しようとする強い要求を私たちは抑えることができない。この要求にこたえる義務を、今日の書物は背負っている。だが、その義務は、たんに専門的知識の通俗化をはかることによって果たされるものでもなく、通俗的好奇心にうったえて、いたずらに発行部数の巨大さを誇ることによって果たされるものでもない。現代を真摯に生きようとする読者に、真に知るに価いする知識だけを選びだして提供すること、これが中公新書の最大の目標である。

私たちは、知識として錯覚しているものによってしばしば動かされ、裏切られる。私たちは、作為によってあたえられた知識のうえに生きることがあまりに多く、ゆるぎない事実を通して思索することがあまりにすくない。中公新書が、その一貫した特色として自らに課すものは、この事実のみの持つ無条件の説得力を発揮させることである。現代にあらたな意味を投げかけるべく待機している過去の歴史的事実もまた、中公新書によって数多く発掘されるであろう。

中公新書は、現代を自らの眼で見つめようとする、逞しい知的な読者の活力となることを欲している。

一九六二年一一月

中公新書 1886

## 現代史

f 2

2570 佐藤栄作 村井良太
2186 田中角栄 早野透
1976 大平正芳 福永文夫
2351 中曽根康弘 服部龍二
2726 田中耕太郎―闘う司法の確立者、世界法の探究者 牧原出
2512 高坂正堯―戦後日本と現実主義 服部龍二
2710 日本インテリジェンス史 小谷賢
1574 海の友情 阿川尚之
1875 「国語」の近代史 安田敏朗
2075 歌う国民 渡辺裕
2332 「歴史認識」とは何か 大沼保昭 江川紹子
2624 「徴用工」問題とは何か 波多野澄雄
2359 竹島―もうひとつの日韓関係史 池内敏
1820 丸山眞男の時代 竹内洋
2714 国鉄―「日本最大の企業」の栄光と崩壊 石井幸孝
2237 四大公害病 政野淳子
1821 安田講堂 1968-1969 島泰三
2110 日中国交正常化 服部龍二
2150 近現代日本史と歴史学 成田龍一
2196 大原孫三郎―善意と戦略の経営者 兼田麗子
2317 歴史と私 伊藤隆
2627 戦後民主主義 山本昭宏
2342 沖縄現代史 櫻澤誠
2789 在日米軍基地 川名晋史
2543 日米地位協定 山本章子
2720 司馬遼太郎の時代 福間良明
2649 東京復興ならず 吉見俊哉
2733 日本の歴史問題（改題新版） 波多野澄雄

中公新書

## 政治・法律